H. L. Joh

WITHDRAWN
UTSA LIBRARIES

Muerte

Student edition edited by
ROBERT L. BOWBEER and GLADYS I. SCHERI
Wayne State University

Under the general editorship of
Robert G. Mead, Jr.
University of Connecticut

en el barrio

ALFONSO SASTRE

HARCOURT BRACE JOVANOVICH, INC.
New York   Chicago   San Francisco   Atlanta

to:

I. M. S.

J. W. B.

MUERTE EN EL BARRIO by Alfonso Sastre
© Alfonso Sastre
© 1973 by Harcourt Brace Jovanovich, Inc.

ISBN: 0–15–564750–4

Library of Congress Catalog Card Number: 72–93695

Printed in the United States of America

preface

This text edition of Alfonso Sastre's *Muerte en el barrio* is intended for college students of second year Spanish or for high school students in the third and fourth year of study. The Introduction sketches briefly the work of Sastre for students who are not acquainted with this contemporary dramatist. Notes and vocabulary have been used to facilitate the reader's comprehension of the material. Idioms which do not appear in Keniston's basic list[1] are noted, as are other constructions which may cause difficulty. The "Preguntas" following each act may be used to interpret the action and for conversational practice. Questions have been divided into groups which correspond to average reading assignments. Supplementary exercises consisting of idiom drills, English sentences for translation, verb reviews, and topics for discussion, have been provided for more intensive coverage and additional review. A selected bibliography appears at the end of the play.

The editors wish to express their thanks to Señor Sastre for permission to edit *Muerte en el barrio* and to Professor Benjamin B. Ashcom, who read the manuscript and offered many worthwhile comments.

---

[1] Hayward Keniston. *A Standard List of Spanish Words and Idioms*. Boston: D. C. Heath and Company, 1941.

introduction

Alfonso Sastre is one of Spain's leading contemporary dramatists. He has fought long and hard to bring about reforms in the
Spanish theater and has emerged as one of the most prolific and
internationally important figures in contemporary Spanish theater. Since the Spanish Civil War of 1936–39, dramatists and
other intellectuals have had to conform to severe social, economic, and political pressures, resulting in a stifling atmosphere
for the creative, innovative writer. Many writers have left Spain
or have abandoned their work rather than compromise it.
Alfonso Sastre is one of those who have remained, steadfastly
refusing to compromise. He is a rebel who has dedicated himself
to the fight for the emergence in Spain of a serious theater of
social awareness.

Alfonso Sastre was born in Madrid on February 20, 1926.
His fight against traditional theater began in 1945 while he was
still a university student in Madrid. At this time, collaborating
with Medardo Fraile, José María de Quinto, Alfonso Paso, and
other young, aspiring playwrights, he founded Arte Nuevo, an
experimental theater group. The purpose of Arte Nuevo was to
create a new, meaningful theater. The group wrote and pre-
sented twenty dramas, mostly in one act and experimental in
nature. Sastre contributed four dramas: *Uranio 235* (1946),
Cargamento de sueños (1946), *Ha sonado la muerte* (1946),
and *Comedia sonámbula* (1947). Financial troubles brought an
end to this avant-garde theater group in 1948. Nevertheless,
Arte Nuevo served as a first step toward the development in
Spain of a theater of social concern.

Late in 1948, Sastre became the first theater editor of a new
student magazine entitled *La Hora*. He continued to write about
the need to achieve changes in the Spanish theater. *La Hora*
had a short life, from 1948 to 1950, but collaboration in this
magazine led to the founding, in 1950, of a new theater group:
Teatro de Agitación Social. T.A.S. sponsored a manifesto on
theater prepared by José María de Quinto and Sastre, which was
published in *La Hora* in October, 1950. In the manifesto they

declared their intentions to develop a theater of social concern and to introduce into Spain the works of such contemporary authors as Eugene O'Neill, Arthur Miller, and Jean-Paul Sartre, whose works would stimulate the social awareness of the Spanish public. T.A.S. soon became the victim of official pressures.

In 1953, Sastre's first full-length drama, *Escuadra hacia la muerte,* was performed by the Teatro Popular Universitario in the María Guerrero Theater in Madrid. The play was an instant success, and Sastre's reputation as a major dramatist was established. But protests from military authorities caused the play to be closed after a three-day run. In 1954, *La mordaza* was premiered professionally at Madrid's Reina Victoria Theater under the direction of José María de Quinto. The play had a successful run, and Sastre was acknowledged as the most articulate exponent of serious theater in Spain. In 1960, Sastre and José María de Quinto attempted to launch still another revolutionary theater group, called Grupo de Teatro Realista. The purpose of G.T.R. was to encourage the public to think about social injustices and the need for change. After one season, the group's activities were ended by government order.

In hundreds of essays and articles Sastre continues to fight against censorship and for a theater of social concern. These articles have appeared in *La Hora, Cuadernos Hispanoamericanos, Correo Literario, Primer Acto, Revista Española,* and other magazines and newspapers. Sastre has published two books of dramatic theory, *Drama y sociedad* (1956) and *Anatomía del realismo* (1965). He has written *Flores rojas para Miguel Servet* (1967), a biographical novel; *Las noches lugubres* (1964), a book of short stories; *El paralelo 38* (1965), a short novel. He has also written movie scripts and works for children's theater.

Sastre continues to fight for artistic freedom, even though the performance and publication of many of his works have been prohibited in Spain. Only five of his twenty-three plays have been performed by professional companies in Madrid: *La mordaza* (1954); *El cuervo* (1957); *La cornada* (1960); *En la red* (1961); *Oficio de tinieblas* (1967).

Although Sastre concerns himself with the problems of contemporary society, the themes which recur frequently are fundamental ones of liberty, human dignity, responsibility, guilt, justice, and salvation. The plots often provoke painful and significant questions about the meaning of existence. He investigates social injustices, their nature, and their effect. He exalts the personal liberty, dignity, and free will of man. He depicts the anguish, loneliness, and perplexities of modern man who is the victim of a dehumanizing society. Nevertheless, Sastre does not offer any solutions, as the purpose of his theater is to awaken in the reader a desire to actively work for the renovation of society.

The structure of his dramas is functional. Sastre is concerned with the development of only one plot, and he goes directly to the heart of the matter. His style is nonrhetorical and concise. Dialogues are lively and unadorned. His characters are alive because they speak a modern, real language and are trying to solve real problems. They are not supermen, but human beings who are the victims of an unjust society. Often, they find themselves in a fixed situation in which they must act or be enslaved. They are free to select their own paths, but they are responsible for the consequences.

Sastre frequently uses the flashback technique and exposition to reveal what has happened. The effect of the weather sometimes appears as a deterministic device to influence action or to increase or alleviate tensions. Sastre gives specific directions for lighting, music, and sound, thus adding to the effectiveness. The indeterminate settings contribute to the universality of his plays.

Muerte el en barrio (1955) has never been performed in Spain. "Fue prohibida por la Censura, como de costumbre, sin que me diera la más leve explicación objetiva," declares Sastre.[1] Sastre protests against a society which permits the poor to be subject to the whims and neglect of the medical profession. We see the humiliation which the working-class man feels because he is the victim of an unjust society which denies him human respect and dignity.

The plot and the dénouement are quickly revealed in the prologue by Pedro, owner of the Bar Moderno, and by the police inspector. The drama unfolds in a flashback. In a working-class

[1] Alfonso Sastre, *Obras Completas,* ed. Domingo Pérez Minik (Madrid: Aguilar, 1967), I, 529.

neighborhood, a child is struck by a car. He is rushed to the local clinic where Dr. Sanjo, who is supposed to be on duty, is absent. The child dies before he can receive treatment. The people in the neighborhood become angry at the doctor. The following Sunday Dr. Sanjo enters the bar, which is filled with local people. Tension mounts as Arturo, the child's father, discovers who Dr. Sanjo is. Hostility increases, violence erupts, and Dr. Sanjo tries to escape. The crowd surrounds him and kills him. The epilogue is anticlimactic. The dialogue between Pedro and the Inspector suggests that the death of the doctor may have been fated.

The introduction of the characters and development of local color occur in the main body of the play, which consists of five *cuadros*. The theme is that of social irresponsibility, and the questions of guilt, responsibility, and justice arise. Who is responsible for the child's death? Certainly Dr. Sanjo is irresponsible in abandoning his post. He is a crude, despicable person, yet he is not inhuman; he tries to excuse his absence. While his reasoning does not absolve him of guilt, Sanjo has been a victim of the unfair economic pressures of society. Upon further investigation it becomes clear that Dr. Sanjo's irresponsibility is but one of many social injustices inflicted upon the poor.

The contempt for the working class is seen in the attitude of Dr. Sanjo and other doctors. Pedro complains to the Inspector of the doctor's condescending attitude: "¿Por qué no me hablaba de usted como yo a él? ¿Es que yo era menos (Prólogo, 9–10)?" Genoveva affirms that the nurses are ill-treated by Dr. Sanjo. Luis talks of the indignities he has had to suffer in the sanitorium because he is a poor patient. The child's grandfather considers reporting Dr. Sanjo's conduct to the authorities. But Arturo tells him, "La justicia sí es cosa nuestra. . . . Si no la hacemos nosotros, apañados estamos (II, 39)." These people have been denied human dignity and justice by an inadequate social system. The death of the child unifies the people of the neighborhood and prompts them to take the law into their own hands. Legally, everyone in the bar is guilty of murder. They are rebelling against the many injustices to which they have been subjected. Is their action justified?

ix

personas del drama

(por orden de aparición)

PEDRO el dueño del Bar Moderno

EL COMISARIO DE POLICIA

ARTURO el padre del niño

PACO un vendedor de periódicos

JUANITO un barrendero

TOBIAS el padre de Juana

MARIA la madre de Juana

JUANA la madre del niño

GENOVEVA una enfermera

SENORA SOFIA una vecina

LUIS un enfermo

ESTUDIANTE 1

ESTUDIANTE 2

ESTUDIANTE 3

PABLO otro estudiante

RAMON un vecino

UN HOMBRE
CON UNA GUITARRA

EL DOCTOR SANJO

prólogo

La acción en un barrio extremo de una gran ciudad, en nuestro tiempo. Durante los oscuros se escuchará un ritmo a base, exclusivamente, de instrumentos de percusión. En el Bar Moderno, un bar modesto y con pretensiones. Es por la mañana. Verano.

(*Está solo* PEDRO, *el dueño. Limpia el mostrador. Entra el* COMISARIO. *Se sienta en una banqueta, frente a la barra, y pide:*)

COMISARIO—Cerveza.

PEDRO—Sí, señor (*Tira la caña y se la pone.*)° ¿Una aceituna?

COMISARIO—Bueno. (PEDRO *le pone un par de aceitunas en un platillo. El* COMISARIO *come una y toma un poco de* ⁵ *cerveza.*) Hace mucho calor,° ¿eh?

PEDRO—(*Secándose el sudor del cuello.*) ¡Uf! Como sigamos así° nos vamos a asfixiar.

COMISARIO—Es cierto.

> (*Un silencio. El* COMISARIO *bebe su cerveza observando a* PEDRO, *que sigue limpiando el mostrador.* PEDRO *levanta la vista y las miradas se cruzan.*)

PEDRO—(*Nervioso.*) ¿Quiere algo? Me refiero a . . . ¹⁰ ¿otra cerveza?

COMISARIO—No, gracias.

PEDRO—Me parecía que me había dicho algo. Perdone.

COMISARIO—Parece que está nervioso. ¿Le ocurre algo?

PEDRO—No, pero . . . Con este calor, ¿sabe?, tengo los ¹⁵ nervios de punta.°

COMISARIO—Se comprende. A mí también me molesta mucho el calor. Bueno . . . , póngame otra cerveza.

PEDRO—Sí, señor.

> (*Se la pone.*)

COMISARIO—Parece que tiene poca presión.° ²⁰

PEDRO—Es . . . es posible. Traiga.

> (*Coge la caña y manipula detrás del mostrador. Vuelve a poner la caña y unas aceitunas.*)

COMISARIO—No sé por qué tomo tanta cerveza. Cuanto más se bebe es peor.° Se suda. El verano es asqueroso.

---

2 **Tira . . . pone** He draws the glass of beer and sets it down.
6 **Hace mucho calor** It's very hot
8 **Como sigamos así** If we keep on like this

16 **tengo . . . punta** my nerves are on edge
20 **tiene poca presión** there's not much pressure on tap
23 **Cuanto . . . peor** The more you drink, the worse it is.

3

PEDRO—A la noche refresca. Es cuando se puede respirar un poco.

COMISARIO—Yo me ducho varias veces al día;° pero como si nada.°

PEDRO—(*Con un ademán incierto.*) Ah, duchándose . . . 5

COMISARIO—Sí. Pero como si nada. Esto no tiene remedio.° (*Se seca el sudor de la frente con un pañuelo.*) No hay más que aguantarse.° Es curioso.

PEDRO—¿El qué?

COMISARIO—(*Lo mira fijamente.*) Me refiero a lo del do- 10 mingo.

PEDRO—(*Palidece.*) A lo de . . . ¿Quién es usted?

COMISARIO—Decía que es curioso. Hoy entra uno en este bar y parece como si nunca hubiera ocurrido nada. Como si el otro día sus clientes hubieran tomado aquí tranqui- 15 lamente sus refrescos como cualquier otro domingo, ¿verdad?

PEDRO—Sí, señor. Se ha limpiado todo. (*Nervioso.*) Hemos procurado limpiar, ¿sabe usted? En otro caso,° no nos hubiéramos atrevido a tocar nada. 20

COMISARIO—Claro. (*Saca tabaco.*) ¿Quiere un pitillo?

PEDRO—Bueno. Gracias.

COMISARIO—(*Se lo enciende.*) Le tiemblan un poco las manos. Tranquilícese.

PEDRO—Desde el otro día tengo los nervios rotos.° ¡Y luego 25 este condenado calor!

COMISARIO—El domingo también hacía calor, ¿eh?

PEDRO—Espantoso. Seguramente influyó.

COMISARIO—¿Usted cree?

PEDRO—Suda uno y está nervioso, raro. Se revuelve uno 30 contra cualquier cosa sin razón.° El calor es malo para los nervios.

---

3 **al día** a day
4 **pero . . . nada** but it doesn't help
6 **Esto . . . remedio** There's no help for it.
8 **No . . . aguantarse** You can only put up with it.

19 **En otro caso** Otherwise
25 **Desde . . . rotos** Ever since the other day my nerves have been on edge.
31 **Se . . . razón** One turns against anything without reason.

COMISARIO—¿Usted . . . también estaba nervioso?

PEDRO—Sí.

COMISARIO—¿Intervino en . . . ? ¿Quiero decir . . . ?

PEDRO—¿Cómo?

COMISARIO—Que si intervino. Sin querer, claro. En el ba- 5
rullo, sin saber lo que hacía. Un poco indignado por lo
que había ocurrido con el niño. ¿Intervino?

PEDRO—(*Mortalmente pálido.*) Le aseguro que no.

COMISARIO—No se asuste. Nadie le acusa de nada.

PEDRO—Es que . . . 10

COMISARIO—No, no se asuste.

PEDRO—¿Quién es usted?

COMISARIO—Policía. (*Enseña la chapa.*) No tiene nada que
temer. Vengo a charlar con usted, sólo a charlar. Como
dos buenos amigos. ¿Querrá hablar conmigo? 15

PEDRO—Claro, claro. ¿Qué quiere tomar? ¿Otra cerveza?

COMISARIO—No. Ya le he dicho . . . sudo . . .

PEDRO—Pues cualquier otra cosa.

COMISARIO—Se lo agradezco mucho. No. (*Un silencio.*) ¿Se
manchó mucho? 20

PEDRO—¿Qué quiere decir?

COMISARIO—Que si se manchó mucho esto, el establecimiento.

PEDRO—Sí, de sangre y . . . se rompieron cosas . . .

COMISARIO—Es que hay muertes sucias y aparatosas, ¿ver- 25
dad? Todo, alrededor, queda manchado y roto. Es lo que
se llama un linchamiento.°

PEDRO—Eso ha sido, un . . . un linchamiento.

COMISARIO—Ocurre a veces. Un día matan a uno así, lo
destrozan, no se sabe por qué. O se sabe de un modo algo 30
confuso.

PEDRO—¿Es frecuente . . . una cosa así? Parece que no.

---

27 **linchamiento** *This word does not
mean that the doctor was hanged.
In Spanish* linchamiento *denotes
that the people take justice into*
*their own hands. In this case they
killed the doctor by repeatedly
stabbing him.*

5

En los periódicos . . . yo leo los sucesos, ¿sabe usted?, y casi nunca . . .

COMISARIO—Ocurre alguna vez° en los barrios . . . Es como si de pronto toda la furia del barrio se aplicara a matar a uno solo. Y lo destrozan, claro . . . 5

PEDRO—Lo . . . destrozan.

COMISARIO—Es mucha furia, es mucha gente para matar a una sola persona . . . y así queda . . . Hay veces en que sólo se encuentran pequeños restos del muerto, pequeños restos . . . ensangrentados. 10

PEDRO—Cómo podrá ocurrir una cosa así . . . ¿verdad?

COMISARIO—Pues ocurre.

PEDRO—Es terrible.

COMISARIO—Uno se acostumbra a estas cosas. En nuestro oficio, no hay más remedio.° 15

PEDRO—De todos modos . . .

COMISARIO—(Se encoge de hombros.°) Uno se acostumbra. Es nuestro trabajo. Y no hay que preocuparse. Si uno se preocupa, a veces llegaría a ponerse malo. A mí, al principio, me pasaba. 20

PEDRO—¿Se ponía enfermo?

COMISARIO—Una vez estuve a punto de marearme.°

PEDRO—¿Ante un crimen?

COMISARIO—No. En un interrogatorio. Pero uno se acostumbra, se fortalece. Se llega a ver la sangre con mucha 25 tranquilidad. Sobre todo la sangre que hacen los demás.

PEDRO—¿Quiere decir . . . ? No entiendo.

COMISARIO—La sangre que hace uno es otra cosa. A veces cuesta verla. (Bebe la cerveza que le queda.) ¿Qué se rompió? 30

PEDRO—Varias sillas, muchos vasos y copas . . . Un espejo que había colgado allí . . . Se desgarró una cortina . . . Todo se manchó de sangre . . .

---

3 **alguna vez** sometimes
15 **no . . . remedio** it can't be helped

17 **Se . . . hombros** He shrugs his shoulders.
22 **estuve . . . marearme** I was about to throw up

6

MUERTE EN EL BARRIO

COMISARIO—Parece demasiado para una sola muerte. Cuesta trabajo° creerlo.

PEDRO—¿Creer qué?

COMISARIO—Que se armó todo ese lío para matar a un solo hombre.° Es hasta consolador. 5

PEDRO—¿Por qué?

COMISARIO—Yo soy un policía raro. Me he dedicado a pensar.

PEDRO—¿A pensar?

COMISARIO—(*Asiente.*) Pero sin tomármelo muy en serio,° 10 claro. Llego a una conclusión y me divierto, sea la que sea;° que ésta es una perra vida, que no hay Dios, que yo soy un cerdo asqueroso . . . Me divierto . . . Pienso por divertirme.

PEDRO—¿Y qué pensaba? 15

COMISARIO—¿De qué?

PEDRO—Cuando ha dicho "es consolador" . . . o algo así.

COMISARIO—¿Es consolador?

PEDRO—Sí, refiriéndose a . . . "tanto jaleo para matar a un hombre". 20

COMISARIO—¡Ah, sí! Quería decir que es consolador ver que aún ocurren cosas como ésta.

PEDRO—¿Ver que matan a un hombre?

COMISARIO—No. Que lo maten dándole importancia a eso. Que lo hacen agrupándose con ira, manchándose las ropas 25 de sangre, revolviéndose unos con otros,° haciéndose daño, sufriendo para matar . . . Estamos en unos tiempos en que los asesinos suelen matar, ¿cómo lo diríamos?, dulcemente, desde sus despachos, con una firma, con una orden táctica . . . Ni una arruga se hace en su traje y 30 por la noche besan a sus hijos. No ha pasado nada. No son unos asesinos. (*Su voz se hace ronca y grave.*) Pero

---

2 **Cuesta trabajo** It's difficult
5 **Que . . . hombre** That that brawl took place just to kill a single man.

10 **sin . . . serio** without my taking it very seriously
12 **sea . . . sea** whatever it may be
26 **revolviéndose . . . otros** pushing and shoving one against the other

PROLOGO

los que mataron a ese hombre aquí, volvieron a sus casas con los trajes rotos . . . Un arañazo les cruzaba la cara, sus ojos estaban apagados y fijos, y desde que entraron en sus casas, sus mujeres y sus hijos se dieron cuenta de que habían matado a un hombre. Y este hecho, un solo hombre muerto, esta cosa ridícula, marcará sus vidas para siempre. Por eso decía "es consolador". ¿Se da cuenta? Pienso y llego a conclusiones. Pero luego me río. No se crea que todo esto me preocupa. (*Enciende un cigarrillo.*) Me figuro que alguna razón habría.

PEDRO—¿Para qué?

COMISARIO—Para matar a ése. Cuando ocurre algo así suele ser por algo.°

PEDRO—Usted ya sabe . . . lo del niño.

COMISARIO—Sí.

PEDRO—No hay derecho a que ocurriera° . . . lo que ocurrió.

COMISARIO—Eso es cierto.

PEDRO—Desde luego no era un buen hombre.

COMISARIO—Eso he oído en el barrio.

PEDRO—No es que nadie se la tuviera jurada,° pero no era simpático a la gente.

COMISARIO—¿Por qué?

PEDRO—No lo sé bien. No era una persona . . . muy agradable.

COMISARIO—Bebía mucho, me han dicho.

PEDRO—Y es verdad.

COMISARIO—¿Se emborrachaba?

PEDRO—Resistía mucho, pero a veces . . .

COMISARIO—Llegaba a emborracharse.

PEDRO—Sí.

COMISARIO—¿Era cliente de su casa?

---

13 **suele . . . algo** it's usually for some reason

16 **No . . . ocurriera** It's just not right that it happened

21 **No . . . jurada** It isn't that anyone really hated him

PEDRO—Sí.

COMISARIO—¿Tomaba bebidas fuertes?

PEDRO—Sobre todo, coñac.

COMISARIO—El día del niño, ¿dónde estaba?

PEDRO—No lo sé.   5

COMISARIO—¿Lo sabe alguien?

PEDRO—Que yo sepa, no.°

COMISARIO—¿Vino por la noche aquí?

PEDRO—Cuando íbamos a cerrar.

COMISARIO—¿A qué hora cierra?   10

PEDRO—A las dos.

COMISARIO—¿Cómo venía?

PEDRO—¿El doctor?

COMISARIO—Claro.

PEDRO—Un poco bebido, sí . . . quizá.   15

COMISARIO—¿Venía o no venía borracho?

PEDRO—Cuando bebía, apenas se le notaba.

COMISARIO—Pero esa noche.

PEDRO—Si estaba borracho.

COMISARIO—¿Se había enterado de lo del niño?   20

PEDRO—No sé.

COMISARIO—¿Pidió de beber?

PEDRO—Sí.

COMISARIO—¿Y usted?

PEDRO—Le dije, pero respetuosamente, que era la hora de   25
cerrar.

COMISARIO—¿Y él?

PEDRO—Empezó a decir palabrotas.

COMISARIO—Cuando estaba normal, ¿era grosero?

PEDRO—No. Unicamente . . .   30

COMISARIO—¿Qué?

PEDRO—Me molestaba que me tuteara sin que yo se lo
hubiera dicho.° "Dame esto, dame lo otro." ¿Por qué no

---

7 **Que . . . no** Not that I know of.
33 **Me . . . dicho** It bothered me that he called me "tú" without my having told him to do so.

PROLOGO

me hablaba de usted como yo a él? ¿Es que yo era menos? °

COMISARIO—Claro, claro.

PEDRO—En la consulta hacía igual.° "Bueno, ¿qué te pasa?" le decía a un hombre hecho y derecho,° o a una señora vieja, le daba igual. Es falta de respeto, ¿no le parece?

COMISARIO—En cierto modo . . .

PEDRO—Me gusta que los clientes me hablen de usted. No lo puedo remediar.

COMISARIO—Y al decir palabrotas, ¿qué ocurrió?

PEDRO—Que le puse una copa.

COMISARIO—¿Y luego?

PEDRO—Otra, y otra.

COMISARIO—¿No hablaron de lo ocurrido?

PEDRO—No. Habló él sólo . . . de otras cosas. Decía cosas raras.

COMISARIO—A esas horas, ¿qué sabía usted del asunto?

PEDRO—Que el niño había muerto. Me enteré al poco de ocurrir.° Un cliente lo dijo aquí.

COMISARIO—¿Se acuerda de quién?

PEDRO—Sí, Ramón, un vecino de la madre del niño.

COMISARIO—¿Y cómo lo contó?

PEDRO—No le entiendo. ¿Qué cómo . . . ?

COMISARIO—Que si lo contó tranquilamente o con indignación. ¿Se lo dijo a usted solo o a toda la gente que había en el bar?

PEDRO—Lo contó con indignación. Yo . . . yo también me indigné, señor comisario. Yo . . . me indigné. Tengo que reconocerlo.

COMISARIO—Bien, bien. No tiene por qué preocuparse.° No es una vergüenza . . . Y, además, la indignación no

---

2 **¿Es . . . menos?** Is it that I was inferior to him?
4 **hacía igual** he did the same
5 **un . . . derecho** a full-grown man

20 **al . . . ocurrir** shortly after it happened
31 **No . . . preocuparse** You have no reason to worry.

está fuera de ley . . . , aunque a veces lo parezca. Pienso que yo también me hubiera indignado. ¿Se lo dijo . . . a toda la gente?

PEDRO—Lo dijo en voz bastante alta.

COMISARIO—¿Parecía con intención . . . de excitar los ánimos? 5

PEDRO—No. Parecía que estaba furioso y nada más.

COMISARIO—¿Y hubo alguien que comentara . . . ?

PEDRO—Hubo comentarios.

COMISARIO—Recuerda alguno? 10

PEDRO—"Ese médico es un canalla" y cosas así. "Es para ahorcarle."°

COMISARIO—¿Quién dijo "es para ahorcarle"?

PEDRO—No recuerdo. Fue una cosa general.

COMISARIO—Pero esa tarde no pasó nada. 15

PEDRO—Nada.

COMISARIO—Nadie propuso ir a buscar al médico ni cosas así.

PEDRO—Nadie.

COMISARIO—¿Se habló luego de otra cosa? 20

PEDRO—Sí, de fútbol y . . . lo normal . . . de los americanos . . .

COMISARIO—¿Cómo lo contó el vecino?

PEDRO—Dijo . . . "Ha pasado esto, al chico de la Juana lo ha atropellado un coche, lo han llevado a la clínica 25 municipal y el médico de guardia° no estaba . . . Así que el niño ha muerto . . ." Algo así dijo.

COMISARIO—¿Nadie dijo que quizá el niño hubiese muerto de todos modos?

PEDRO—Sí, alguien dijo eso. 30

COMISARIO—¿Y qué?

PEDRO—Pues que otro contestó: "Eso es lo de menos.° El caso es que el médico tenía que estar y no estaba."

---

12 **Es para ahorcarle** It's a hanging matter.
26 **de guardia** on duty

32 **Eso . . . menos** That's the least of it.

COMISARIO—¿Quién fue ése?

PEDRO—No sé ahora.

COMISARIO—Trate de recordar.

PEDRO—Me parece que fue un chico que viene por aquí.

COMISARIO—¿Un chico? 5

PEDRO—Creo que es estudiante. Sí, estudia para médico, ahora lo recuerdo. "Eso es sagrado", decía. "Un médico de guardia no puede abandonar su puesto por nada del mundo." Un chico listo, parece. No sé si será médico ya . . . Tengo idea . . . 10

COMISARIO—Quedamos en° que todo esto fue . . .

PEDRO—El viernes.

COMISARIO—Y el sábado . . .

PEDRO—Enterraron al niño. Por la tarde . . . , desde el depósito. 15

COMISARIO—¿Fue usted?

PEDRO—No pude. No iba a abandonar . . .

(*Por el establecimiento.*)

COMISARIO—Y el domingo . . . el domingo, la muerte del médico.

PEDRO—Sí, a media tarde.° Ahí mismo lo mataron. 20

COMISARIO—¿Trató de defenderse?

PEDRO—Sí, costó . . . , les costó trabajo acabar con él.°

COMISARIO—¿Quién había?

PEDRO—¿Qué intervinieran?

COMISARIO—Entre todos. 25

PEDRO—Déjeme recordar. ¿Quiere otra cerveza?

COMISARIO—Bueno.

PEDRO—Pues había . . . (*Le pone la cerveza.*) Ahí un grupo de estudiantes donde estaba el chico que le digo . . . 30

COMISARIO—¿Quién más? °

---

11 **Quedamos en** We agree
20 **a media tarde** mid-afternoon

22 **les . . . él** they had a hard time finishing him off
31 **¿Quién más?** Who else?

PEDRO—Luego entraron Paco, el de los periódicos, y Juanito, el barrendero. Vinieron al mostrador y pidieron unas cervezas. Luego llegaron Tobías . . .

COMISARIO—El padre de Juana.

PEDRO—(*Asiente.*) Y Ramón, el vecino de que le he 5 hablado. Se pusieron a jugar una partida ahí con Paco y con Juanito. Entonces entró un hombre que no es del barrio: un vagabundo o algo así. Llevaba una guitarra y se puso a cantar una canción. Algo raro, no sé. Luego me pidió una cerveza. 10

COMISARIO—¿Y luego?

PEDRO—Luego vino Arturo.

COMISARIO—¿Quién es Arturo?

PEDRO—El . . . el novio de la Juana. El padre del niño.

COMISARIO—Ya. 15

PEDRO—Después . . . —espere que me acuerde— entraron la señorita Genoveva y Luis.

COMISARIO—¿Quién es la señorita Genoveva?

PEDRO—Una enfermera de la clínica.

COMISARIO—¿Y Luis? 20

PEDRO—Un chico del barrio. Está enfermo el pobre. Del pulmón, ¿sabe? Mala cosa. Tiene mal aspecto° el chico.

COMISARIO—Y por fin . . .

PEDRO—Llegó el doctor.

COMISARIO—(*Pensativo.*) Podía haber elegido otro mo- 25 mento . . . o si no, otro bar para tomarse una copa.° Desde el momento en que pisó la puerta de esta casa, estaba condenado a muerte. Así son las cosas.

PEDRO—Así son las cosas, sí, señor.

COMISARIO—Bueno, pues ahora . . . ahora me va a contar 30 con todo detalle cómo se inició y se desarrolló el . . . el linchamiento. Cuénteme no sólo lo que vió aquí, sino todo lo que sepa, todo lo que haya oído. ¿Cómo fue

---

22 **Tiene mal aspecto** He looks bad   26 **tomarse una copa** to have a drink

viniendo aquí toda esa gente? ¿Por qué? ¿Sabe algo de eso?

PEDRO—La mayoría . . . suelen venir. No veo nada raro en ello.

COMISARIO—Dígame lo que sea, aunque le parezca que no tiene importancia. Por ejemplo, ¿cómo vino Arturo, el padre del niño? ¿Quién le dijo que viniera al barrio? ¿Se enteró él?

PEDRO—Le llamó Paco. Lo citó cerca del barrio ye se lo contó todo.

COMISARIO—De eso se trata. Esas son las cosas que quiero saber.

PEDRO—El mismo Paco me lo contó . . . mientras esperábamos a la Policía.

COMISARIO—Cuente.

PEDRO—Resulta que entre todos los amigos del barrio echaron a suertes° para ver a quién le tocaba decírselo, y le tocó a Paco.° Así que ayer, a eso de° las cuatro . . . , cuando el calor era más fuerte y casi ni° se podía respirar . . .

(*Sigue hablando mientras se hace el oscuro.*°)

17 **echaron a suertes** they drew lots
18 **ver . . . Paco** to see who was the one to tell him, and it was up to Paco

18 **a eso de** at about
19 **casi ni** hardly
• **se . . . oscuro** as the stage darkens

preguntas (páginas 2–8)

1. ¿Dónde tiene lugar la acción de esta obra?
2. ¿En qué estación estamos al empezar el Prólogo?
3. ¿Cómo es el Bar Moderno?
4. ¿Quién es Pedro, y qué está haciendo?
5. ¿Quién entra en el bar, y de qué empiezan a hablar los dos?
6. ¿Cuál es el estado de ánimo de Pedro?
7. ¿Por qué vino al bar el comisario?
8. ¿Cuál es la actitud del comisario acerca de su oficio?
9. ¿Por qué es un policía raro el comisario?
10. ¿Qué había pasado en el bar el domingo pasado?
11. ¿Por qué le parece extraño al comisario el asesinato en el bar?

modismos (páginas 2–8)

Llene el guión escogiendo el modismo adecuado y haciendo los cambios necesarios.

alguna vez	para siempre
costar trabajo	por eso
darse cuenta	querer decir
no haber más remedio	sobre todo

1. Se ve la sangre con tranquilidad, _____ la sangre que hacen los demás.

2. _____ creerlo.

3. Desde que entraron en sus casas, sus mujeres _____ que habían matado a un hombre.

4. _____ que es consolador ver aún que ocurren cosas como ésta.

5. En nuestro barrio, _____.

6. Ocurre _____ en los barrios.

7. Y este hecho marcará sus vidas _____.

8. _____, decía yo "es consolador".

preguntas (*páginas 8–14*)

12. Según Pedro, ¿cómo era el muerto?
13. ¿Era cliente del bar el asesinado?
14. ¿Qué hora era cuando el doctor llegó al bar?
15. ¿Cómo venía el doctor?
16. ¿Qué hizo el doctor cuando Pedro le dijo que era hora de cerrar?
17. ¿Por qué le molestaba a Pedro el doctor?
18. ¿Quién trajo al bar las noticias de la muerte del niño?
19. ¿Cómo reaccionó la gente en el bar al oir tales noticias?
20. ¿Cómo murió el niño?
21. ¿Cuál fue el comentario del estudiante?
22. ¿Por qué era importante este comentario?
23. ¿Quiénes estaban en el bar el domingo por la tarde?
24. ¿Qué estaban haciendo los hombres en el bar?
25. ¿Quién es Arturo?
26. Por fin, ¿quién entró en el bar?
27. ¿Qué información pidió a Pedro el comisario?
28. ¿Cómo se enteró Arturo de la muerte de su niño?

modismos (*páginas 8–14*)

Llene el guión escogiendo el modismo adecuado y haciendo los cambios necesarios.

acabar con	ponerse a
al poco de	¿qué te pasa?
desde luego	tener mal aspecto
echar a suertes	tratar de

9. _____ el doctor no era un buen hombre.

10. El doctor diría en la consulta, ¿_____?

11. Me enteré _____ ocurrir.

12. Pedro _____ recordar el nombre del chico.

13. Les costó trabajo _____ él.

14. Un vagabundo entró y _____ cantar una canción.

15. Luis, un chico del barrio, _____.

16. Todos los amigos del barrio _____ para ver a quién le tocaba decírselo a Arturo.

traducción

Exprese en español:

1. The inspector entered the bar and asked for a beer.
2. The heat annoys me; it's bad for my nerves.
3. Give me another beer and tell me about that business on Sunday.
4. What do you mean? Who are you?
5. You have nothing to fear; I am the police.
6. I have come to chat with you—like two good friends.
7. It's not right that this should have happened.
8. The victim was a rude man who used to get drunk.
9. Did he know about the child's death?
10. The boy was run over by a car on Friday.
11. They took him to the hospital but the doctor on duty was not there.
12. The young man, who is very smart, is studying to be a doctor.
13. They buried the boy in the afternoon.
14. Paco had to tell him the sad news.
15. Tell me not only what you saw, but also what you heard.

repaso de verbos
(SUBJUNTIVO)

Dése la forma del subjuntivo para los verbos entre paréntesis.

1. El comisario quería que Pedro le (decir) todo.
2. Me molestaba que el doctor me (tutear) sin que yo se lo (haber, decir).
3. Me gusta que los clientes me (hablar) de usted.
4. ¿Hubo alguien que (hacer) algún comentario?
5. ¿Quién le dijo a Arturo que (venir) al barrio?
6. El comisario tenía miedo de que Pedro (ponerse) enfermo en el interrogatorio.
7. Pedro no sentía que el doctor (haber, morir).
8. "El doctor me habló como si yo (ser) menos que él," dijo Pedro.
9. Póngame otra cerveza para que yo no (tener) tanto calor.
10. Fue una lástima que el doctor no (estar) en la clínica.

cuadro primero

En la calle. Un árbol. El bordillo de la acera.

(*No hay nadie. Llega* ARTURO *silbando y con las manos en los bolsillos. Va vestido un poco chillonamente. Consulta su reloj de pulsera y mira a su alrededor.* • *Se quita la chaqueta y la cuelga de una rama baja del árbol. Su camisa está empapada de sudor. Se sube las mangas.* • *Saca un pañuelo y se seca el sudor de la frente. Se guarda el pañuelo. Saca tabaco y papel. Lía un pitillo. Lo enciende con un encendedor. Llega* PACO. *Lleva un montón de periódicos bajo el brazo.*)

• **mira . . . alrededor** he looks around

• **Se . . . mangas** He rolls up his sleeves.

PACO—Hola, Arturo. Perdóname si te he hecho esperar. He tenido que ir a buscar el *Deportes*° y hasta ahora no lo han repartido. ¿Cómo te va?°

ARTURO—Bien; ¿y a ti?

(*Se dan la mano•*)

PACO—Ya ves. Trabajando. 5

ARTURO—¿Tienes que venderte todo eso . . . esta tarde?

PACO—A la puerta del campo. Es fácil. Los domingos se vende bien.

ARTURO—Y a la noche a tomar unas copas en el bar de Pedro, ¿a que sí? ° Como en nuestros buenos tiempos. 10

PACO—Se hace lo que se puede, Arturo.

ARTURO—¿Quieres fumar? (*Saca un paquete de rubio y otro de tabaco negro.°*) A elegir.°

PACO—(*Silba.*) Chico, ya veo que te va bien.

ARTURO—No me puedo quejar. 15

PACO—(*Toma uno de rubio.*) Te haremos el gasto.° (AR-TURO *saca su encendedor y le enciende el cigarrillo.*) ¡Vaya mechero!°

ARTURO—Es bueno. El último modelo. Me lo trajeron barato.° 20

PACO—¿Muy barato?

ARTURO—Por cuatro perras gordas.° Cuando se tienen amistades . . .

PACO—Hiciste bien en marcharte del barrio. Así has triunfado. 25

ARTURO—Al principio me costó lo mío.°

PACO—Claro.

---

2 **Deportes** a newspaper
3 **¿Cómo te va?** How are you?
• **Se . . . mano** They shake hands
10 **¿a que sí?** right?
13 **rubio . . . negro** Rubio *is a milder tobacco whereas* negro *is a cheaper grade.*
13 **A elegir** Take your pick.

16 **Te . . . gasto** You'll be the life of the party.
18 **¡Vaya mechero!** What a lighter!
20 **Me . . . barato** I got it cheap.
22 **perras gordas** copper coins of very small denomination (10 céntimos)
26 **me . . . mío** it cost me a lot

21

ARTURO—Y hasta pasé hambre.°

PACO—Yo la sigo pasando.

(*Ríe.*)

ARTURO—(*Ríe también*) A lo mejor te quejas de vicio.°

PACO—Claro, era una broma.

(*Un silencio.*)

ARTURO—Bueno, pues tú dirás.   5

PACO—El caso es que . . .

ARTURO—¿Para qué me has citado?

PACO—Pues . . .

ARTURO—¿Necesitas algo, o qué? Dímelo con confianza.

PACO—No, no es eso.   10

ARTURO—¿Entonces?

PACO—Espera. Yo te lo diré.

ARTURO—Si es que necesitas algo no te dé vergüenza,° Lo
que yo pueda . . .

PACO—Si te digo que no es eso.   15

ARTURO—Pues venga lo que sea.°

PACO—(*Rascándose la cabeza.*) Es difícil.

ARTURO—Por lo visto° te crees que puedo estar aquí per-
diendo el tiempo.°

PACO—No te enfades.   20

ARTURO—Si no me enfado. Es que . . .

PACO—Yo te lo diré, pero dame un poco de tiempo.

ARTURO—Está bien. (*Se sienta en el bordillo.*) Cuando te
dé la gana° me lo dices. Por un amigo se hace lo que
sea.   25

(*Un silencio.* ARTURO *mira a* PACO, *y éste baja
la vista. Trata de fumar. El cigarrillo está apa-
gado.*)

PACO—¿Me quieres . . . me quieres dar lumbre?°

ARTURO—Sí, hombre. Toma. (*Le enciende.* PACO *fuma una larga chupada.° Luego parece que va a hablar, pero fuma de nuevo. Echa el humo.° Un silencio.*) Bueno, ¿qué? ¿Me lo dices o no?

PACO—(*Como un susurro.*) Sí . . .

ARTURO—Pues venga.

PACO—¿Hace mucho que no ves a la Juana?

ARTURO—(*Sombrío.*) Ah, ¿se trata de la Juana?

PACO—No te enfades si te hablo de ella . . . Es preciso. Yo no quería, pero echamos a suertes los amigos del barrio, y me tocó a mí citarte y venir a decírtelo.

ARTURO—Bueno, pues habla de una vez.

PACO—Hace mucho que no la ves, ¿verdad?

ARTURO—Sí.

PACO—¿Y al niño?

ARTURO—(*Sombrío*) A ninguno. Y de esa historia no me gusta hablar.

PACO—Yo no vengo a hablarte de esa historia. Si no te casaste y la dejaste con el crío, por algo sería.

ARTURO—Es cosa mía. Nadie tiene por qué meterse.

PACO—¿Ves? Por eso no me atrevía.

ARTURO—Nadie tiene por qué decir nada contra la Juana. En todo caso,° contra mí.

PACO—Nadie dice nada contra la Juana. Todo el mundo la respeta en el barrio.

ARTURO—Es que si alguien no la respetara, iría a matarlo.

PACO—Arturo.

ARTURO—¿Qué?

PACO—¿Qué te ocurre?°

---

1 **¿me . . . lumbre?** will you give me a light?

3 **fuma . . . chupada** takes a long drag

4 **Echa el humo** He exhales.

24 **En todo caso** In any case, anyway

30 **¿Qué te ocurre?** What's the matter?

ARTURO—Nada.

PACO—Tú estás enamorado de la Juana.

ARTURO—¿Y qué?

PACO—Pero si estás llorando. Arturo . . .

ARTURO—¿Y qué?   5

PACO—No te enfades.

ARTURO—Si no me enfado.

(*Un silencio.*)

PACO—(*Lo mira, nervioso.*) Pues lo que quería decirte es
que . . .

ARTURO—¿Qué?   10

PACO—Que . . . Que al niño le ha ocurrido una desgracia.

ARTURO—(*Pálido.*) ¿Qué dices?

PACO—Que el niño ha muerto.

ARTURO—¡Que ha muerto!

PACO—Ayer lo enterramos.   15

ARTURO—Pero, ¿es cierto eso? ¡No es posible! ¿Es cierto?

PACO—Sí

(*Un silencio.*)

ARTURO—¡Que mi hijo ha muerto!

PACO—Sí, Arturo.

ARTURO—¡No contaba con esto! ¡No! ¡Con esto no!   15

PACO—Tranquilízate, Arturo.

ARTURO—¡No contaba con que el niño podía morir! (*Un
silencio. Levanta la vista hacia* PACO.) ¿Cómo ha sido?

PACO—Un accidente.

ARTURO—¿En la calle?   25

PACO—Sí, un coche lo atropelló.

ARTURO—¿Y allí mismo . . . allí, en la calle, quedó
muerto?

PACO—No, Arturo. Quedó muy herido, pero no murió en el
momento.   30

ARTURO—¿Qué hacía?

24

PACO—¿El niño?

ARTURO—Sí, cuando ocurrió.

PACO—Estaba jugando.

ARTURO—¿En medio de la calle?

PACO—No, en la acera; pero es que el coche perdió la direc- 5
ción.°

ARTURO—(*Sombrío.*) Lo mataría.

PACO—¿Al del coche? (ARTURO *asiente.*) El no tuvo la
culpa.

ARTURO—Conducen como bestias. 10

PACO—El no tuvo la culpa. El pobre hombre salió del
coche, pálido, como un muerto. Estaba a punto de desmayarse.

ARTURO—Ojalá se hubiera muerto allí mismo.

PACO—Salió muy pálido del coche. 15

ARTURO—¿Tú estabas allí?

PACO—En la esquina, con los periódicos. Acudí en seguida.

ARTURO—¿Tú lo llevaste a la clínica?

PACO—Lo llevamos entre varios.

ARTURO—¿Y qué dijo el médico cuando lo vió? ¿Qué hizo? 20
¿Hizo todo lo que se podía hacer? (*Un silencio.*) ¿Eh?

PACO—Ocurrió que . . .

ARTURO—¿Qué ocurrió?

PACO—Que el médico no estaba.

ARTURO—¿No había un médico? 25

PACO—No.

ARTURO—¿No había un médico para salvar a mi hijo?

PACO—No.

ARTURO—¿Pero y el médico de guardia?

PACO—No estaba. Se había ido. 30

ARTURO—¿Que se había ido? ¿Adónde?

PACO—No sé. No estaba.

ARTURO—Entonces, ¿quién había allí?

---

6 **el . . . dirección** the car went out
of control

PACO—Un practicante, que se asustó al ver cómo iba el niño. No supo qué hacer.

ARTURO—(*Con violencia.*) Y tú, ¿qué hiciste?

PACO—(*Habla nervioso, de prisa,*°) No sabía qué hacer. Estábamos muy nerviosos. Veíamos que el niño se nos 5 iba° y no sabíamos qué hacer. Pensábamos todo lo que podíamos, pero no se nos ocurría nada.

ARTURO—¿Y la Juana?

PACO—Llegó a la clínica como loca. Daba horror escucharla.° 10

ARTURO—(*Se tapa los oídos.*) ¡Calla!

PACO—Fue su padre el que llamó por teléfono a la otra clínica. Pidió que mandaran un médico.

ARTURO—¿Y lo mandaron? ¿Llegó tarde?

PACO—Le dijeron que lleváramos al niño. 15

ARTURO—¡Canallas!

PACO—Yo fuí como loco a buscar un taxi. El padre de Juana bajó al niño en brazos . . . lleno de sangre . . . Te puedes figurar.

ARTURO—(*Chilla.*) ¿Y no había taxis, o qué? 20

PACO—Uno paró un momento, pero al ver la sangre, arrancó otra vez. No quiso llevarnos.° Supongo que por si le manchábamos el coche.

ARTURO—(*Se muerde los puños.*°) ¡Canallas!

PACO—Paró otro. En el taxi murió el niño. Entonces, el 25 padre de Juana, que hasta ese momento había estado tranquilo, se echó a llorar.° (ARTURO *está inmóvil llorando silenciosamente.*) ¿Ves, Arturo? Por algo no me atrevía a empezar.

ARTURO—Gracias, Paco. Gracias por todo. 30

PACO—No hay de qué,° hombre. (*Se seca el sudor.*) ¡Qué

---

4 **de prisa**   quickly
6 **se nos iba**   was failing fast
10 **Daba horror escucharla**   It was horrible listening to her.
22 **No quiso llevarnos**   He refused to take us.

24 **Se . . . puños**   He bites his knuckles (*in an attempt to hold back his grief*).
27 **se . . . llorar**   he burst out crying
31 **No . . . qué**   Don't mention it

calor hace!, ¿eh? Si quieres, podemos tomar una cerveza.
Yo te convido.

ARTURO—No tengo gana.° Gracias.

(Llega JUANITO, el barrendero.)

JUANITO—Hola, Arturo.

ARTURO—(Levanta la cabeza.) Hola, Juanito.   5

JUANITO—(A PACO.) ¿Ya se lo has contado?

PACO—Sí.

JUANITO—Todos los amigos lo hemos sentido mucho, Arturo.

ARTURO—Ya lo sé.   10

JUANITO—Y ahora, ¿sabes lo que deberías hacer? Ir a ver
a la Juana.

ARTURO—¿Crees que se alegraría?

JUANITO—La Juana no ha dejado de quererte, Arturo.

ARTURO—¿Creéis que debo ir?   15

PACO—Yo creo que sí,° Arturo.

ARTURO—Yo tampoco he dejado de querer a la Juana. Y
si no hubiera sido por esa zorra que se cruzó en mi
camino,° ahora sería mi mujer.

JUANITO—Pues ve a verla. Le consolará.   20

ARTURO—No me atrevo.

PACO—Seguramente te está echando de menos.° En una
situación como ésta, Arturo, tú comprende° . . .

ARTURO—(Se levanta.) Sí, voy a ir.

PACO—Claro. Haces bien.   25

ARTURO—¿Os quedáis o vais para el barrio?

PACO—Echaremos un cigarrito° aquí, a la sombra. Si
quieres, luego a la noche, nos vemos.

ARTURO—Bueno.

---

3 **No tengo gana** I don't feel like
it.
16 **creo que sí** I think so
19 **se . . . camino** who crossed my
path
22 **te . . . menos** she misses you

23 **comprende** . . . *the author's way
of indicating that Paco's voice
trails off, not sounding the final s
(comprendes)*
27 **Echaremos un cigarrito** We'll
have a smoke

27

CUADRO PRIMERO

(Coge la chaqueta bajo el brazo, se pone el sombrero descuidadamente. Se va. Quedan PACO *y* JUANITO.*)*

PACO—*(Se sienta.)* ¿Un cigarrito?

(Ofrece a JUANITO, *que acepta. Se sienta junto a él. Lían los cigarrillos.)*

JUANITO—¿Qué tal?°
PACO—Bien. Se lo he contado lo mejor que he podido.
JUANITO—¿Le ha causado mucha impresión?
PACO—Mucha. 5

(Un silencio.)

JUANITO—Qué calor, ¿verdad?
PACO—¡Uf!
JUANITO—Los domingos no sabe uno qué hacer, ¿verdad?
PACO—Es cierto.
JUANITO—Luego, si quieres, podemos ir a tomar una cer- 10
veza en el bar de Pedro.
PACO—*(Se encoge de hombros.)* Bueno.

(Se hace el oscuro.)

2 ¿**Qué tal?** How's everything?

1. ¿Cuál es el lugar de la acción de este cuadro?
2. ¿Quién entra, y cómo aparece?
3. ¿Qué tiempo hace? ¿Cómo lo sabemos?
4. ¿Por qué consulta Arturo su reloj de pulsera?
5. ¿Quién llega, y qué está llevando?
6. ¿Por qué ha llegado tarde Paco?
7. Después de saludarse, ¿qué le ofrece Arturo a Paco?
8. ¿Cuál es la impresión de Paco al ver el encendedor de Arturo?
9. ¿Qué le pide Arturo a Paco?
10. ¿Por qué no explica Paco todo en seguida?
11. ¿Cuál es la actitud de Arturo hacia la timidez de Paco?
12. ¿Hace mucho tiempo que Arturo no ve a Juana?
13. ¿Por qué no quiere hablar Arturo de Juana y el niño?
14. ¿Cuál es la actitud de Arturo respecto a Juana?
15. ¿Qué noticias le da Paco a Arturo?
16. ¿Cuál es la reacción de Arturo al enterarse de la muerte de su hijo?
17. ¿Cómo ocurrió el accidente?
18. ¿Quién tuvo la culpa?
19. ¿A dónde llevaron al niño herido?
20. ¿Quién estaba en la clínica, y qué hizo por el niño?
21. ¿Quién llegó a la clínica como loca?
22. ¿Qué decidió hacer el padre de Juana?
23. ¿Cuál fue la respuesta de la otra clínica?
24. ¿Quién fue a buscar un taxi?
25. ¿Qué pasó con el primer taxi?
26. ¿Dónde murió el niño?
27. ¿Quién es Juanito?
28. Según Juanito, ¿qué debe hacer Arturo?
29. ¿Cuál es la actitud de Juana hacia Arturo?
30. ¿Ha dejado de querer a Juana Arturo?
31. ¿Qué decide hacer Arturo?
32. ¿Qué piensan hacer más tarde Juanito y Paco?

modismos

Llene el guión escogiendo el modismo adecuado y haciendo los cambios necesarios.

creer que sí   estar a punto de
de una vez   no haber de qué
echarse a   pasar hambre
en todo caso   tener gana
es que   tener la culpa

1. Después de marcharse del barrio, Arturo _____.

2. Bueno, pues habla _____.

3. El hombre del coche _____.

4. A ese momento el padre de Juana _____ llorar.

5. Gracias por todo, Paco. ¡_____!

6. _____ el médico no estuvo allí.

7. Podrá decirme cuando _____.

8. El hombre _____ desmayarse cuando salió del coche.

9. _____ el niño fue atropellado por el coche.

10. ¿Crees que lo hará? _____.

traducción

Exprese en español:

1. Arturo takes off his jacket and rolls up his sleeves.
2. Arturo and Paco shake hands.
3. What a lighter! Did it cost much?
4. You probably complain out of habit.

30

5. If you need something, don't be bashful.
6. Let's not waste time.
7. I'll tell you, but give me a little time.
8. You haven't seen Juana for sometime.
9. I don't dare see her, although I miss her very much.
10. Are you still in love with her?
11. No one has any reason to meddle!
12. Apparently the car went out of control and ran over the child.
13. An intern was frightened and didn't know what to do.
14. Juana's father telephoned the clinic and asked them to send a doctor.
15. They refused to send a doctor and told them to bring the child.
16. The first taxi stopped for a moment and then pulled away.
17. The child died before arriving at the clinic.
18. Arturo is going to see Juana.

repaso de verbos
(PRETERITO E IMPERFECTO)

Dénse los verbos en imperfecto o en pretérito según convenga, teniendo en cuenta que estas frases forman un relato continuado.

Ya (ser) tarde y la calle (estar) desierta. De pronto se (oír) el silbar de una canción melancólica, y (aparecer) Arturo. Se (parar) en la esquina y (mirar) a su alrededor. No (ver) a nadie. (Hacer) mucho calor. (Quitarse) la chaqueta y la (colgar) de una rama baja de un árbol. (Liar) un cigarrillo y (empezar) a fumar mientras que (esperar) la llegada de su amigo, Paco. Por fin, Paco (llegar) con los brazos llenos de periódicos, diciendo que (sentir) mucho estar tarde. Después de los saludos, Paco le (dar) a Arturo las tristes noticias. Al principio, Arturo no (poder) ni (querer) creerlas. Sin embargo, (saber) que Paco le había dicho la verdad. Arturo (ponerse) muy triste y, después muy furioso. (Decidir) vengarse y (marcharse) para la ciudad.

cuadro segundo

En casa de Juana.

(TOBIAS, *su padre está tumbado en una cama turca.● Está sólo. Llega, de otra habitación,* MARIA. *Recoge platos de una mesa-camilla sin faldas.●* TOBIAS *abre los ojos.*)

- **cama turca** daybed, couch
- **mesa-camilla sin faldas** round table with a heater underneath, without a skirt covering the bottom shelf

TOBIAS—¿Qué tal está?

MARIA—Igual. Llorando.

TOBIAS—(*Se hace aire*° *con un periódico.*) No sé lo que podríamos hacer.

MARIA—Ya se le irá pasando.°   5

TOBIAS—No sé. La veo muy . . . muy hundida.

MARIA—Ha pasado poco tiempo. El tiempo lo arregla todo. Ya verás.

TOBIAS—Dios lo quiera. (*Un silencio.*) Estoy pensando . . .

(*Se calla.*)

MARIA—¿Qué?   10

TOBIAS—Que al médico ése le harán algo ahora, ¿no? Al médico de la clínica, digo. Por abandono de su deber.

MARIA—Cualquiera sabe.

TOBIAS—¿O habría que denunciarlo? °

MARIA—Claro. Si no, ni se enteran.   15

TOBIAS—Y denunciarlo, ¿a quién? ¿Cómo? (MARIA *se encoge de hombros.* TOBIAS *bosteza. Un silencio.*) ¿Cómo te encuentras tú?

MARIA—(*Que se ha sentado.*) Bien.

TOBIAS—Como veía que te sentabas . . .   20

MARIA—Estoy un poco cansada.

TOBIAS—Desde hace algún tiempo estás así.

MARIA—Es que desde hace algún tiempo me siento como muy vieja.

TOBIAS—No lo eres, María.   25

MARIA—A los cincuenta y dos años una mujer . . .

TOBIAS—Bah; deja de preocuparte. (*Un silencio.*) Qué calor.

MARIA—Pues están abiertas todas las ventanas.

TOBIAS—No corre nada de aire,° nada. (*Se abanica. Un* 30
silencio.) Ve a hacerle compañía.°

---

3 **Se hace aire** He fans himself
5 **Ya . . . pasando** She'll get over it in time.
14 **¿O . . . denunciarlo?** Or would it be necessary to report him?
30 **No . . . aire** There's not a breath of air
31 **Ve . . . compañía** Go and keep her company.

35

MARIA—Me parece que está mejor sola.

TOBIAS—Ve a ver si quiere algo.

MARIA—Si es que no dice nada. Sólo llora.

TOBIAS—Pues entras en ·la habitación y que te vea. Eso puede consolarla mucho. 5

MARIA—Si no mira . . . (*Suena el timbre de la puerta.* MARIA *se levanta y va a abrir. Vuelve.*) ¿Sabes quién es?

TOBIAS—¿Quién?

MARIA—Arturo.

TOBIAS—(*Se incorpora.*) ¿Y qué quiere ése? 10

MARIA—Dice que a ver a Juana.

TOBIAS—El muy sinvergüenza . . . Dile que pase aquí.

MARIA—O le digo que se vaya.

TOBIAS—No. Dile que pase aquí.

MARIA—No sé . . . 15

(Vacila.)

TOBIAS—Además, a lo mejor Juana quiere verlo y eso le alivia. Dile que pase. Anda.

MARIA—Pero no regañéis. Por Dios, no regañéis . . .

TOBIAS—No, mujer.

(MARIA *sale y vuelve con* ARTURO, *que se detiene en la puerta.*)

ARTURO—¿Da su permiso? 20

TOBIAS—Sí, pasa. (ARTURO *pasa con timidez.*) María, déjanos solos un momento. (MARIA, *inquieta, sale. Un silencio.*) ¿Qué querías?

ARTURO—(*Con los ojos bajos.*) Señor Tobías, si es posible, yo quisiera ver a la Juana. 25

TOBIAS—¿Ahora te acuerdas?

ARTURO—Señor Tobías . . .

TOBIAS—Ahora te acuerdas.

ARTURO—Señor Tobías, me merezco que usted me mate.

TOBIAS—Creo que sí te lo mereces. 30

ARTURO—Que usted me pegue fuerte, hasta hacerme san-

grar. Que usted me pegue todo lo que quiera sin yo de-
fenderme, y luego me dé patadas en la cara° y en el pecho
hasta que sangre como un cerdo y, entonces, escupirme.

TOBIAS—Bueno, calla.

ARTURO—Señor Tobías, yo me lo merezco todo.   5

TOBIAS—Cállate.

ARTURO—No me merezco entrar en esta casa. Usted es muy
bueno conmigo.

TOBIAS—¿Te quieres callar?

ARTURO—Lo del niño, me lo acaban de contar, y ha sido   10
espantoso para mí.

TOBIAS—Ha sido espantoso para todos.

ARTURO—Estoy sufriendo, ¿sabe? Siento como si no pudiera
respirar bien, como si fuera a llorar como un chaval.
Estoy sufriendo.   15

TOBIAS—Has reaccionado como un hombre, Arturo. Eso es
lo que ha pasado.

ARTURO—Señor Tobías . . .

TOBIAS—Yo tenía razón.

ARTURO—¿Por qué, señor Tobías?   20

TOBIAS—Porque algunas veces decía que tú, en el fondo,
no eras mal chico.

ARTURO—¡Señor Tobías!

> (*Le abraza, llorando.* TOBIAS *se separa del
> abrazo y se levanta.*)

TOBIAS—¡María! (*Llega* MARIA.) Dile a Juana que Arturo
está aquí y que quiere verla. (MARIA *sale.*) ¿Quién te lo   25
ha contado?

ARTURO—Paco, el de los periódicos.

TOBIAS—Te habrá dicho que se hizo todo lo que se pudo.

ARTURO—Me ha dicho que se murió sin que pudiera verlo
un médico.   30

2 **me . . . cara**   kick me in the face

TOBIAS—Así fue.

ARTURO—¿Quién era el médico de guardia? ¿Cómo se llama el tipo ése?

TOBIAS—Es uno que va por el bar de Pedro. Doctor Sanjo, creo que se llama. 5

ARTURO—¡Doctor Sanjo!

TOBIAS—O algo así.

ARTURO—Y no estuvo allí, como era su obligación, para recibir a un niño que se moría.

TOBIAS—Dicen que bebe mucho. Seguramente se había 10 emborrachado y se marchó. Nadie sabía dónde estaba el doctor.

(Un silencio.)

ARTURO—A ése me lo echo a la cara yo, y me lo cargo.°

TOBIAS—Eso es una locura.

ARTURO—Es lo que voy a hacer. 15

TOBIAS—Es una locura. Ya tenemos bastante desgracia encima.°

ARTURO—Vamos a tener más, pero me lo cargo.

TOBIAS—No se arregla nada con eso.

ARTURO—Se queda uno más tranquilo. 20

TOBIAS—En la cárcel.

ARTURO—Donde sea. Se queda uno más tranquilo.

(Un silencio.)

TOBIAS—Yo había pensado en denunciarlo.

ARTURO—Eso no sirve para nada.° Siguen viviendo.

TOBIAS—Yo supongo que lo castigarían. 25

ARTURO—Puede que° le castigaran un poco.

TOBIAS—La justicia no es cosa nuestra.° Para eso están las leyes.

---

13 **me . . . cargo** I'll throw it in his face, and I'll take care of it
17 **Ya . . . encima** We already have enough misfortune around.

24 **Eso . . . nada** That wouldn't do any good.
26 **Puede que** It may be
27 **La . . . nuestra** Justice is not our business.

ARTURO—La justicia sí es cosa nuestra.

TOBIAS—No, porque . . .

ARTURO—Si no la hacemos nosotros, apañados estamos.°

TOBIAS—Uno no puede tomarse la justicia por su mano.°

ARTURO—(*Sombrío.*) Sí que puede. Ya lo verá usted.   5

(*Vuelve* MARIA.)

TOBIAS—¿Qué?

MARIA—Que dice que no quiere ver a nadie.

ARTURO—(*Desalentado.*) No me quiere ver.

MARIA—Dice que a nadie.

ARTURO—Es a mí a quien no quiere ver. (ARTURO y TOBIAS   10
cambian una mirada. TOBIAS *hace un gesto de que*° *él
no puede hacer nada por resolver la situación.*) Entonces
volveré. Volveré mañana y todos los días hasta que un
día quiera verme. Y la Juana y yo nos casaremos. Lo
juro. (*Nadie dice nada.* MARIA *se enjuga una lágrima con*   15
la mano.) Ahora me voy.

TOBIAS—Bueno, Arturo.

ARTURO—Ni siquiera sé adónde ir.

TOBIAS—Animo, hombre.

ARTURO—No tengo ganas de nada.   20

TOBIAS—Ya se te pasará la impresión.

ARTURO—Yo tenía una pena dentro. Sí, tenía una pena
dentro, pero no me decidía a venir.

TOBIAS—Te comprendo.

ARTURO—No se crea que yo estaba contento y despreo-   25
cupado por ahí.° Yo no soy un golfo. Yo tenía una pena
dentro.

TOBIAS—Nosotros también.

ARTURO—(*Duda y dice.*) Bueno, me voy.

TOBIAS—Hasta cuando quieras, Arturo.   30

---

3 **apañados estamos** we will be taken advantage of
4 **Uno . . . mano** One can't take justice into one's own hands.
11 **hace . . . que** makes a wry face (to indicate) that
26 **por ahí** over there

39

CUADRO SEGUNDO

ARTURO—Adiós, señora María.

MARIA—Adiós. (*Se va* ARTURO. *Un silencio.* TOBIAS *lía un cigarrillo.*) Ha dicho que no quería verlo, pero me parece que se le han alegrado un poco los ojos.

TOBIAS—¿Te parece que vaya yo a hacerle compañía? 5

MARIA—No. Déjala sola. Es mejor.

(*Se oye, a través del patio, una voz.*)

VOZ DE RAMON—¡Tobías! ¡Tobías!

TOBIAS—(*Se levanta perezosamente y va a la ventana.*) ¿Qué quieres?

VOZ DE RAMON—¿Te vienes a dar una vuelta? ° 10

TOBIAS—¿Una vuelta? ¡Con este calor!

VOZ DE RAMON—Podemos jugar una partida en el Moderno. Allí no se está mal.

TOBIAS—(*Duda.*) ¿Una partida?

VOZ DE RAMON—Sí, hombre. Aquí se asa uno. Por este 15 patio no corre nada de aire. Se ahoga uno aquí.

TOBIAS—(*A* MARIA.) ¿Voy?

MARIA—(*Se encoge de hombros.*) Bueno.

TOBIAS—Ramón.

VOZ DE RAMON—¿Qué? 20

TOBIAS—Que ahora voy a buscarte.°

VOZ DE RAMON—Date prisa.°

TOBIAS—(*Vuelve de la ventana.*) Entonces me voy un rato.

MARIA—Bueno.

TOBIAS—No sé si llevarme la chaqueta. 25

MARIA—No vas a ir en mangas de camisa.

TOBIAS—Pero me muero con la chaqueta.

MARIA—En el bar te la quitas.

TOBIAS—(*Poniéndose la chaqueta, que estaba en el respaldo de una silla.*) ¿Qué vas a hacer tú? 30

MARIA—Estarme aquí. ¿Qué voy a hacer?

10 **dar una vuelta** to take a walk
21 **voy a buscarte** I'll come by for you
22 **Date prisa** Hurry up.

TOBIAS—Si Juana se animara un poco podrías salir a dar un paseo° más tarde.

MARIA—Ya veremos.

TOBIAS—Si os pasáis por el bar os convido a unas cervezas.

MARIA—Si ella se anima . . . 5

TOBIAS—Y nos vamos los tres a dar un paseo hasta el campo cuando refresque.

MARIA—Bueno, a lo mejor . . .

TOBIAS—¿O es que quieres hacer otra cosa?

MARIA—Es que Sofía me dijo que fuéramos por su casa a 10 tomar un refesco de limón. Dice que los hace muy bien.

TOBIAS—Pues lo que queráis.

MARIA—Tú, vete tranquilo. No te preocupes.

TOBIAS—Pues hasta luego.°

MARIA—Que te diviertas. 15

TOBIAS—Ya ves, una partidita. Por hacer algo.° Hasta luego. (*Va a salir, pero ve que llega* JUANA.) Hija . . .

JUANA—¿Se ha ido?

MARIA—¿Arturo? Sí.

JUANA—(*Se sienta, desolada.*) Es que . . . 20

TOBIAS—¿Qué tal, hija?

JUANA—Mejor.

TOBIAS—¿Y qué querías?

JUANA—(*Mueve la cabeza.*) Me parece que debería hablar con Arturo. 25

TOBIAS—¿Quieres que lo busque?

JUANA—Me parece que sería bueno que hablara con él.

TOBIAS—Pues yo mismo voy a buscarlo. En este momento iba a salir; así que no me cuesta trabajo. Estará por el barrio; no puede andar muy lejos. Hasta luego, hijita. 30

(*La besa. Se va. Un silencio.*)

MARIA—Hija.

---

2 **dar un paseo** to take a walk
14 **hasta luego** see you later

16 **Por hacer algo** Just to have something to do.

41

CUADRO SEGUNDO

JUANA—¿Qué, mamá?

MARIA—¿Cómo te encuentras?

JUANA—Bien.

(*Un silencio.*)

MARIA—¿No te peinas un poco?

JUANA—¿Para qué? 5

MARIA—Por si viene Arturo.

JUANA—Que me vea como estoy.

MARIA—No te cuesta nada arreglarte un poco.

JUANA—Quiero que me vea como estoy, que me vea todo
lo fea, todo lo estropeada que estoy. 10

MARIA—¿No me dejas que te arregle yo un poco? (JUANA
se encoge de hombros. MARIA *busca un peine. Peina a*
JUANA.) Y no te creas que estás fea. Estás desmejorada°
de no dormir y de llorar, pero no estás fea, hija mía.

JUANA—Si a mí me da igual, madre. 15

MARIA—Vamos, mujer, tienes que animarte. (*La peina en
silencio.*) Lo que te conviene° ahora es salir, distraerte
. . . Si te quedas en casa es peor.

JUANA—Sí, estoy mal en la casa. Oigo los pasos de mi
hijo por el pasillo. Está jugando. Pero no está . . . 20
Entro en una habitación y allí tiene que estar recortando
un periódico, jugando con una bola de cristal. No, no
está. ¡Y me extraña y me espanta que no esté! ¿Qué ha
sido de él? Un niño no puede desaparecer así. ¿Qué ha
sido de él? ¿Dónde está? 25

MARIA—Todo el mundo sabe que los niños que mueren van
al cielo.

JUANA—No sé . . . En el cielo . . . Pero yo he visto su
pobre cuerpecito roto; y "eso" que yo quería tanto, que
yo besaba y abrazaba, "eso" no está en el cielo, madre. 30

MARIA—Tienes que tranquilizarte, hija mía.

13 **Estás**   **desmejorada**   You   look   *17* **Lo . . . conviene** What you need
sickly

JUANA—Entonces, si eso no está en el cielo, ¿qué es lo que está en el cielo? ¿Qué?

MARIA—¡Yo tampoco lo sé, hija mía! ¡Yo tampoco lo sé!

JUANA—¡Habría que saberlo, madre! ¡Habría que saberlo! (*Un pequeño silencio. Sombría.*) Es muy importante 5 saber adónde se le va a una un hijo. Yo no me puedo conformar con esas cosas, con que me digan, como por decir algo, "en el cielo" . . . Yo no sé qué quieren decir con eso, ¡yo no lo sé!

(*Llora.*)

MARIA—¡Hija! ¡Hija! ¡Déjate de pensar! ¡Es malo! ¡Déjate 10 de pensar! ¡Eso no lleva a nada bueno, hija! ¡Déjate de pensar, hija mía! (*La acaricia. Llaman a la puerta.*) ¿Quién será? Puede que sea Arturo. Si es, ¿le digo que pase?

JUANA—Sí.   15

(*Sale* MARIA. JUANA *se enjuga las lágrimas. Un silencio. Entra* ARTURO.)

ARTURO—(*Con una voz ronca.*) Juana.

JUANA—Hola, Arturo.

ARTURO—Juana, no sé cómo decirte, no sé cómo decirte . . .

JUANA—(*Sencilla, dulcemente.*) Has vuelto, Arturo. Creo 20 que te esperaba. Pero tenía miedo de que te hubieras olvidado de mí.

ARTURO—¡Olvidarte, Juana!

JUANA—(*Mira a* ARTURO *afectuosamente.*) Te miro y me doy cuenta de que me alegra mucho verte, Arturo.   25

ARTURO—¡Juana! ¿No me guardas rencor? °

JUANA—(*Extrañada.*) ¿Rencor?

ARTURO—¡Tenía miedo, tenía miedo de verte!

JUANA—(*Dulcemente.*) ¿Miedo de mí, Arturo?

26 **¿No . . . rencor?** Don't you bear a grudge against me?

43

ARTURO—¡Me he portado muy mal contigo!

JUANA—¿Conmigo, Arturo? Yo no me he dado cuenta. ¿Sabes lo que ha ocurrido? Nuestro hijo ha muerto. ¿No lo sabías? Nuestro hijo ha muerto. Esa es la pobre noticia que te doy al cabo del tiempo.° Me hubiera echado al cuello con mucho cariño . . . Lo estaba preparando para eso, ¡para tí, Arturo! Pero, ¿no sabes, no sabes? ¡Ay, Arturo, nuestro hijo ha muerto!

ARTURO—(*Con lágrimas en los ojos.*) Nuestro hijo ha muerto, Juana. ¡Nuestro hijo!

JUANA—Me he quedado muy sola, muy solita, Arturo. Tendrás que quererme mucho.

ARTURO—¡Perdóname, Juana! ¡Perdóname!

(*Cae el telón.*)

5 **al . . . tiempo**   after all this time

preguntas

1. ¿Dónde tiene lugar la acción del segundo cuadro?
2. ¿Qué tiempo hace?
3. ¿Quiénes son María y Tobías, y de quién están hablando?
4. ¿Qué dice Tobías acerca del doctor?
5. ¿Quién viene a la casa y por qué?
6. ¿Por qué no quiere María que Arturo entre?
7. En el fondo, ¿qué opinión tiene Tobías de Arturo?
8. ¿Qué pregunta le hace Arturo a Tobías?
9. ¿Qué quiere hacer Arturo en cuanto al doctor?
10. ¿Está de acuerdo Tobías con Arturo?
11. ¿Qué piensa Arturo de la justicia?
12. Al oír que Juana no le quiere ver, ¿qué dice Arturo?
13. ¿Adónde piensa ir Tobías con Ramón?
14. ¿Qué le pide Juana que haga Tobías?
15. ¿Por qué está mal en casa Juana?
16. ¿De qué tenía miedo Juana?
17. ¿Por qué no había venido Arturo antes?
18. ¿Cómo se siente Juana hacia Arturo ahora?

modismos

Llene el guión escogiendo el modismo adecuado y haciendo los cambios necesarios.

acabar de	muchas veces
darse prisa	poder que
dar un paseo	servir para
hacerse aire	todo el mundo
hasta luego	todo lo que

1. Ellos _____ decirme lo del niño.

2. _____ oigo los pasos de mi hijo por el pasillo.

3. Se hizo _____ se pudo.

4. _____ los dos se casen dentro de poco tiempo.

5. ¡____! No quiero llegar tarde.

6. Sofía quiere que nosotros ____ a su casa.

7. ____ sabe que los niños que mueren van al cielo.

8. ____. ¡Que te diviertas!

9. Hace mucho calor y ____ con un periódico.

10. Arturo, ¡no te pongas furioso! Eso no ____ nada.

traducción

Exprese en español:

1. There's not a breath of air.
2. You have been tired for some time now.
3. If it is possible, I should like to see Juana.
4. I was right when I used to say that you weren't a bad fellow.
5. One can't take justice into one's own hands.
6. She doesn't want to see anyone.
7. I'll return every day until one day she will want to see me.
8. Let him see me as I am.
9. What's become of my little boy?
10. Juana, stop thinking!
11. You have returned. I was waiting for you, Arturo.
12. I was afraid that you had forgotten me.
13. He has behaved very badly toward them.
14. Do you mean that you don't bear a grudge against me?
15. Juana and I shall get married as soon as possible.
16. We realized that we were happy to see him.

repaso de verbos
(FUTURO Y POTENCIAL)

I. Dése la forma apropiada del futuro.

1. Tobías y Ramón (divertirse) mucho jugando una partida.
2. Le (dar) mucho gusto en verte.

3. No (arreglarse) nada con eso.

4. Ya lo (ver) ustedes.

5. La gente le (hacer) algo al médico ahora.

6. Yo (quedarse) sola en el mundo.

7. Él (estar) por el barrio.

8. Nosotros (venir) a tu casa por la tarde.

9. Un día Juana (querer) verme.

10. Yo le (decir) que nos casaremos pronto.

II. Dése la forma apropiada del potencial.

1. Yo supongo ellos le (castigar).

2. Nos dijeron que (dar) una vuelta hasta el Moderno.

3. Si Juana se animara un poco, (poder) salir a dar un paseo.

4. Me dijo que (ir) a casa de Sofía a tomar un refresco.

5. No (costar) mucho trabajo arreglarte un poco.

6. Si Arturo estuviera aquí, Juanita (sentirse) mejor.

7. Tú no (tener) ninguna idea de lo que es perder un hijo.

8. Por supuesto ellos (saber) donde estaba el doctor.

9. Mi hijo (poner) la bola de cristal en la mesa.

10. (Haber) que denunciarlo.

47

cuadro
tercero

Casa—pobre—de la SENORA SOFIA, una mujer vieja y fuerte. Viste un traje con un gran escote. *

(*La* SENORA SOFIA *está liando un cigarrillo.* GENOVEVA, *la enfermera, hierve una jeringuilla y prepara una inyección.*)

* **un gran escote** a very low neckline

GENOVEVA—Le voy a hacer un poco de daño.

SRA. SOFIA—No importa.°

GENOVEVA—Al entrar el líquido, lo notará. Es muy fuerte.

SRA. SOFIA—Pues adelante.°

GENOVEVA—Sobre todo esta primera puede que le dé un 5
poco de reacción.

SRA. SOFIA—¿Me quieres asustar, o qué?

(*Ríe.*)

GENOVEVA—Ya sé que a usted no hay forma de° asustarla.
Le digo todo esto porque sé que le divierte.

SRA. SOFIA—Nunca he sido una mujer muy delicada. 10

(*Ha terminado de liar el cigarrillo. Lo enciende,
y fuma, voluptuosa.*)

GENOVEVA—(*La observa, sonriente.*) Me hace gracia° verla
fumar.

SRA. SOFIA—¿Por qué?

GENOVEVA—No lo puedo remediar. Me hace gracia.

SRA. SOFIA—(*Fuma. Echa el humo.*) Fumo mucho. Me 15
gusta. Pero siempre en casa. En la calle no me atrevo.
(*Fuma.*) Qué, ¿ya está?

GENOVEVA—(*Extrae con la jeringuilla el líquido de la
ampolla.*) Sí, vamos a ver. (*Deja la jeringuilla sobre la
mesa y ata una goma al brazo de la* SRA. SOFIA. *Le frota* 20
*el antebrazo. Humedece un algodón en alcohol y prepara
la zona de la inyección. Pincha. Inyecta.*) ¿Le hago daño?

SRA. SOFIA—No.

GENOVEVA—Hay que ponerlas lentamente° . . . (*Termina
de inyectar en silencio. Extrae la aguja. Frota.*) Ya está. 25
(*Desata la goma.*) Puede que le dé algo de fiebre,° pero

---

2 **No importa** It doesn't matter.
4 **Pues adelante** Well, let's get on with it.
8 **no . . . de** there's no way
11 **Me hace gracia** It amuses me

24 **Hay . . . lentamente** It's necessary to give them (injections) slowly
26 **algo de fiebre** somewhat of a fever

no tiene importancia.° (*Guarda las cosas en una car-terita.*) Mañana vendré a la misma hora.

SRA. SOFIA—¿Tienes mucha prisa?°

GENOVEVA—(*Consulta su reloj.*) Mucha, no. Dentro de un rato tengo que estar en casa. Va a ir Luis, ¿sabe quién es? 5

SRA. SOFIA—No.

GENOVEVA—Ese chico enfermo . . . El otro día iba yo con él, ¿no se acuerda?

SRA. SOFIA—Ah, sí. (*Se levanta.*) Pues si no tienes mucha prisa te vas a tomar un vaso de limón conmigo. Ya verás 10 cómo lo hago. Le echo unas gotas de licor y queda estupendo. En estos días de tanto calor siempre tengo hechos dos o tres litros. Me paso bebiendo todo el día. Un pitillo, un vaso de limón . . . una novela . . . Así me distraigo. (*De una bombona, que está en un cubo* 15 *con agua y hielo, echa refresco en unos vasos altos.*) Ya verás qué bueno.

(*Termina de servir y le tiende un vaso.*)

GENOVEVA—Gracias. (*Bebe.*) Está muy bueno, sí. Muy fresco y . . . dulce . . .

SRA. SOFIA—Está estupendo, ¿verdad? (*Bebe también. En-* 20 *ciende de nuevo el cigarrillo. Un silencio.*) ¿Le van a hacer algo?

GENOVEVA—¿A quién?

SRA. SOFIA—Al médico ése que tenéis en la clínica, al doctor, ¿cómo se llama? Sanjo, o como sea,° al médico ése. 25

GENOVEVA—No sé. Yo no lo he visto desde antes de ocurrir lo del niño. El sábado no fue por la clínica. Puede que no vaya hasta el viernes, que es cuando le toca guardia.°

SRA. SOFIA—O puede que tampoco vaya el viernes. O puede que vaya y se emborrache y se vuelva a ir. Todo 30 puede ser.°

---

1 **pero . . . importancia** but it's not important
3 **¿Tienes mucha prisa?** Are you in a hurry?
25 **o como sea** or whatever it is
28 **le toca guardia** it's his turn to be on duty
31 **Todo puede ser** Anything can happen.

GENOVEVA—El doctor Sanjo es . . . un hombre un poco raro.

SRA. SOFIA—Yo diría mejor que es un miserable. (*Fuma.*) Perdona, pero a mí me gusta decir así las cosas.° Siempre han dicho que soy un poco bruta, pero nunca me ha importado. Digo las verdades como las siento.° 5

GENOVEVA—Es usted una mujer terrible, señora Sofía.

SRA. SOFIA—(*Ríe.*) Pero en el fondo soy una buena chica.

GENOVEVA—En lo que dice del doctor Sanjo, tiene usted mucha razón, señora Sofía. 10

SRA. SOFIA—Claro que la tengo.° Tú misma has dicho otras veces que a vosotras os trata a patadas.°

GENOVEVA—No es . . . no es muy delicado con nosotras.

SRA. SOFIA—Hasta llega a insultaros, y dice continuamente palabrotas. 15

GENOVEVA—Sí. (*Un pequeño silencio.*) Sobre todo cuando tiene que hacer una intervención de urgencia. Yo creo que es que se pone nervioso.

SRA. SOFIA—Que se ponga nervioso como un hombre educado, demonio. 20

GENOVEVA—Qué le vamos a hacer. Si es así . . . Y además no es sólo él, no crea. Hay muchos que son como él. Una se acostumbra.

SRA. SOFIA—A mí me lo podían hacer. Yo también sé decir palabrotas. Se iban a ruborizar de oírme, te lo juro. 25

GENOVEVA—(*Sonríe.*) ¿Sí?

SRA. SOFIA—¡Uf! Cuando me enfurezco no hay quien pueda conmigo.°

GENOVEVA—(*Después de un silencio.*) A veces, este oficio mío es un poco difícil de soportar. 30

SRA. SOFIA—Lo creo, hija.

GENOVEVA—(*Con una voz levemente triste.*) Me acuerdo

---

4 **decir . . . cosas** to say things as they really are
6 **Digo . . . siento** I say what I feel.
11 **Claro . . . tengo** Of course I'm right.

12 **os . . . patadas** he treats you like dirt
28 **no . . . conmigo** there isn't anyone who can control me

que un día durante una intervención, debí tener una torpeza° . . . El doctor Sanjo me pidió unas pinzas y no debí darle las que me pedía.° Me llamó zorra.

SRA. SOFIA—(*Indignada, enfurecida.*) ¿Qué te llamó? ¿Y tú, qué hiciste?

GENOVEVA—Me puse muy nerviosa, y cuando terminó la intervención, me eché a llorar.

SRA. SOFIA—¡Idiota! ¡A mi me hubiera oído!°

(*Un silencio.*)

GENOVEVA—(*Termina su refresco.*) Es estupendo su refresco, señora Sofía.

SRA. SOFIA—¿Quieres más?

GENOVEVA—No, gracias. Ahora ya tengo que irme. Puede que Luis haya ido a casa. Le dije que estaría pronto.

(*Se ha levantado.*)

SRA. SOFIA—Como quieras. Entonces, vienes mañana.

GENOVEVA—Sí.

SRA. SOFIA—A esta hora.

GENOVEVA—Eso es.° Hasta mañana.

SRA. SOFIA—Hasta mañana, hija. ¡Y a ver si te cuidas ese genio! En esta vida no se puede ser una mosquita muerta.° (GENOVEVA *sale. La* SRA. SOFIA *se sirve más refresco. Bebe. Vuelve a encender el cigarrillo. Canturrea. Se levanta. Enciende el aparatito de radio.° Suena música. Llaman a la puerta. La* SRA SOFIA *va a abrir. Vuelve con* MARIA.) Pasa, mujer, pasa.

MARIA—No, si sólo voy a estar un momento. Vengo a buscarte por si° quieres venir a mi casa y a ver si entre las dos convencemos a Juana para salir a dar un paseo.

---

2 debí . . . torpeza I must have been inattentive
3 no . . . pedía I must not have given him what he asked for
8 ¡A . . . oído! He would have heard from me!

17 Eso es That's right.
20 En . . . muerta In this life you can't let yourself be stepped upon.
22 Enciende . . . radio She turns on the radio.
26 por si just in case

SRA. SOFIA—¿Sigue igual?

MARIA—(*Con cierto misterio*.) Ahora está hablando con Arturo, que ha venido.

SRA. SOFIA—¿Que ha venido ése?

MARIA—Parece que el chico está arrepentido de lo que hizo. 5

SRA. SOFIA—Ese es un idiota. ¿Y qué dices? ¿Que Juana está hablando con él?

MARIA—Sí; y parece que le ha consolado algo ver que Arturo haya venido a verla.

SRA. SOFIA—Tu hija es una pobre chica. ¡Recibirlo a estas 10 alturas! °

MARIA—Puede que ahora se casen.

SRA. SOFIA—¡A buenas horas! °

MARIA—Si Juana le quiere . . . Entonces, ¿te vienes?

SRA. SOFIA—Sí, mujer, claro que voy contigo. 15

MARIA—La he dejado allí y estoy intranquila.

SRA. SOFIA—No creo que se la vaya a comer.°

MARIA—Anda, vente.

SRA. SOFIA—¿Por qué no te quedas un momento, y oímos la novela? Ya va a ser la hora. 20

MARIA—Yo no estoy para novelas,° Sofía.

SRA. SOFIA—Qué rabia me dais. Os ahogáis en un vaso de agua.°

MARIA—Si no quieres venir, no vengas.

(*Hace ademán de irse.*•)

SRA. SOFIA—Espera, espera. No te precipites. Si te estoy 25 diciendo que voy.

MARIA—Pues vamos.

SRA. SOFIA—Antes vas a probar el limón. ¿No quieres?

---

11 **a estas alturas** after all this
13 **¡A buenas horas!** A fine time to do it now!
17 **No . . . comer** I don't think anything is going to happen to her.
21 **Yo . . . novelas** I'm not in the mood for soap operas
23 **Qué . . . agua** You make me furious. You get all upset over nothing.
• **Hace . . . irse** She makes a move to go.

MARIA—Pero de prisa.°

SRA. SOFIA—(*Le echa en un vaso.*) Toma. A ver qué te parece.°

MARIA—(*Bebe.*) Muy bueno.

SRA. SOFIA—¿Sabes? Le echo unas gotas de licor. (*Bebe* 5 *ella un poco.*) Pues vamos a ver a ese diablo de chica. (*Quita la radio.*°) ¡Con lo estupenda que es la novela! ¡Maldita sea!° ¡Hala, vamos!°

> (*Se van. La escena queda sola; se oye el canto de un grillo. Se hace el oscuro.*)

1 **de prisa** quickly
3 **qué te parece** how you like it
7 **Quita la radio** She turns off the radio.

8 **¡Maldita sea!** Damn her anyway!
8 **¡Hala, vamos!** Come on, let's get going!

preguntas

1. ¿Quién es la señora Sofía, y cómo es?
2. ¿Con quién está hablando Sofía?
3. ¿Quién es Genoveva, y por qué está en casa de Sofía?
4. ¿Tiene miedo Sofía de recibir la inyección?
5. Según Sofía, ¿cómo pasa todo el día?
6. ¿De quién empiezan a hablar las dos?
7. Según Genoveva, ¿cómo es el doctor Sanjo?
8. ¿Cómo trata el doctor Sanjo a los otros de la clínica?
9. ¿Por qué dice Sofía que "en esta vida no se puede ser una mosquita muerta"?
10. ¿Por qué tiene que irse Genoveva?
11. ¿Quién llama a la puerta, y qué quiere?
12. ¿Qué opinión tiene Sofía de Arturo?
13. ¿Cuál es la reacción de Sofía al oir que tal vez Juana y Arturo se casen?
14. ¿Por qué no quiere salir Sofía de casa inmediatamente?
15. ¿Cómo termina el cuadro?

modismos

Llene el guión escogiendo el modismo adecuado y haciendo los cambios necesarios.

al entrar	eso es
algunas veces	haber que
a ver	por si caso
de prisa	sobre todo
en casa	tener prisa
en el fondo	tener razón

1. En estos días de tanto calor, _____ quedarse en casa.

2. Pero _____ soy una buena chica.

3. ¡ _____ si te cuidas de ese genio!

4. Si tú no _____ podríamos tomar un vaso de limón.

5. _____ el líquido, lo notará.

6. Fumo mucho, pero siempre _____.

7. _____ en lo que dices del doctor Sanjo.

8. Se pone nervioso, _____ cuando tiene que hacer una intervención.

9. _____, es difícil soportar mi oficio.

10. Vengo a buscarte _____ quieres venir a mi casa.

11. ¿Vuelves mañana? _____.

12. Tengo que beberlo _____.

traducción

Exprese en español:

1. Do you want to frighten me?
2. I am telling you all of this because I know it amuses you.
3. Have a glass of lemonade with me.
4. How do you like the lemonade?
5. I spend the day drinking, smoking, and listening to soap operas.
6. He was not around the clinic on Saturday.
7. One becomes accustomed to doctors like him.
8. If I were in your place, I would not let him insult me.
9. I know how to swear too, and no one can control me.
10. When the operation was finished, I burst out crying.
11. I told him that I would be ready.
12. It may be that Luis has gone home.
13. It seems that he is sorry for what he has done.
14. You make me furious!
15. I don't believe that he is going to hurt her.

repaso de verbos
(MANDATOS)

I. Escriba las frases siguientes en el imperativo.

Escribe la carta.   Escriba usted la carta.
Escriben la carta.   Escriban ustedes la carta.
Escribimos la carta.   Escribamos la carta.

1. No lee nada interesante.
2. Vienen muy tarde.
3. Nos entendemos bien.
4. No tiene prisa de salir.
5. Sabe la verdad.
6. Pone la pluma allí.
7. No servimos el limón ahora.
8. Van al Bar Moderno.
9. Nos sentamos a tomar algo.
10. No le hacen daño.
11. Nos quedemos en la clínica.
12. Mira el libro.
13. Dice verdades.

II. Escriba las frases siguientes en el imperativo.

Ejemplo: Escucha tú.
Escuche usted.   No escuches.

1. Váyase usted temprano.
2. Dígame usted lo de Juana.
3. Salga usted pronto.
4. Siéntese usted un momento.
5. Hágalo ahora mismo.
6. Póngase el chaleco.
7. Diviértese escuchando la radio.
8. Venga usted mañana.

cuadro
cuarto

La habitación donde vive GENOVEVA. La persiana está cerrada. Penumbra.

(GENOVEVA *está sola, leyendo un libro. Llaman a la puerta.*)

GENOVEVA—Pase.

(*Entra* LUIS, *un muchacho delgado y pálido.*)

LUIS—Hola, Genoveva.

GENOVEVA—Hola, Luis.

LUIS—Vine antes, pero no habías llegado.

GENOVEVA—Me he entretenido un poco en casa de la 5
señora Sofía.°

LUIS—Entonces me he ido a dar una vuelta; pero hace
mucho calor. Vengo sudando.

GENOVEVA—Quítate la chaqueta.

LUIS—¿No te importa? °   10

GENOVEVA—Claro que no.° Ponte como estés más cómodo.°

LUIS—(*Se quita la chaqueta.*) ¡Uf! Así estoy mejor.

GENOVEVA—(*Por un específico.*) Esto es lo que te decía.

LUIS—¿A ver?   15

(*Lo coge y lo mira.*)

GENOVEVA—Abre el apetito.° Es muy bueno.

LUIS—Es difícil que a mí me abra el apetito.

GENOVEVA—Porque te abandonas. Haz un esfuerzo.

LUIS—No tengo ganas de nada.

GENOVEVA—Entonces te vas a morir.   20

LUIS—Me repugna hasta pensar en comer.°

GENOVEVA—Ya sé.

LUIS—Me da asco° hasta pensarlo.

GENOVEVA—Y, sin embargo, tienes que hacer un esfuerzo
. . . Animarte . . .   25

LUIS—No puedo.

GENOVEVA—No quieres animarte.

---

6 **en . . . Sofía** at Sofia's
10 **¿No te importa?** Do you mind?
11 **Claro que no** Of course not.
12 **Ponte . . . cómodo** Make yourself comfortable.

16 **Abre el apetito** It will stimulate
your appetite.
21 **Me . . . comer** I hate to even
think about eating.
23 **Me da asco** It makes me sick

LUIS—¿Que no quiero?

GENOVEVA—Te niegas a vivir.° Esto es lo que te ocurre.

LUIS—No. Eso es una tontería; quiero decir . . . un disparate.

GENOVEVA—Así protestas contra las cosas, contra la vida, 5 que te ha tratado injustamente. Protestas dejándote morir. Y no es que lo hagas dándote cuenta, pero lo haces.

LUIS—No te entiendo.

GENOVEVA—Verás. Es una protesta . . . sorda, de la que 10 tú no tienes ni idea. Una protesta que te viene desde dentro.

LUIS—(*Se encoge de hombros.*) Yo que sé.

(*Un silencio.*)

GENOVEVA—Estuve hablando de ti con Pablo.

LUIS—¿Quién es Pablo? 15

GENOVEVA—Un chico que termina ahora su carrera.

LUIS—¿De médico?

GENOVEVA—Sí.

LUIS—¿Y qué sabe ése de mí?

GENOVEVA—Yo le conté. 20

LUIS—No sé que le contarías.

GENOVEVA—Fue él quien me dijo que, probablemente, tú no tenías sólo una enfermedad del pulmón.

LUIS—(*La mira pensativo.*) Es posible.

GENOVEVA—Que, seguramente, tenías además una enfer- 25 medad del alma.

LUIS—(*Pensativo.*) Ahora que me lo dices, pienso que es posible.

GENOVEVA—Y si llegáramos a darnos cuenta de qué enfermedad es, probablemente sería más fácil curarte. Las 30 enfermedades no se curan sólo con específicos . . . ; así me dijo Pablo.

2 **Te . . . vivir** You refuse to live.

LUIS—(*Pensativo.*) Pero en un principio° mi enfermedad era sólo del pulmón.

GENOVEVA—¿Y qué pasó luego?

LUIS—Que me sentí inútil, inferior.

GENOVEVA—¿Por qué?   5

LUIS—Yo estaba trabajando en la oficina.

GENOVEVA—Ya lo sé.

LUIS—Cuando me ocurrió lo de . . . (*Se señala el pecho.*) me empezaron a tratar gratis porque tenía derecho por la cuota social.°   10

GENOVEVA—Claro.

LUIS—Pero al cabo de unos meses me dijeron que era una enfermedad crónica.

GENOVEVA—¿Y qué?

LUIS—Pues que ya no tenía derecho.   15

GENOVEVA—Cuando más lo necesitabas.

LUIS—Y entonces, ¿qué hacía?

GENOVEVA—¿Qué hiciste?

LUIS—No podía trabajar porque estaba enfermo. No podía curarme. Entonces, ¿qué me quedaba? Pudrirme en un 20 rincón. Morirme de asco echando sangre por la boca.°

GENOVEVA—¡Luis!

LUIS—¿Qué era yo entonces? Pues una basura.

GENOVEVA—¿Pensaste eso?

LUIS—Estaba de sobra;° era un desperdicio, una cosa triste 25 y enferma en un rincón oscuro.

GENOVEVA—Y, sin embargo, saliste adelante.°

LUIS—(*Amargamente.*) Sí.

GENOVEVA—Los de la oficina se ocuparon de ti.°

LUIS—La buena gente tuvo piedad.   30

GENOVEVA—Te ayudaron.

---

1 **en un principio** at the beginning
10 **porque . . . social** I was entitled to it because of the quota (government medical insurance)
21 **echando . . . boca** by coughing up blood
25 **Estaba de sobra** I was one too many
27 **saliste adelante** you came out all right
29 **se . . . ti** took care of you

LUIS—Me pagaron un sanatorio. Fue una estupenda limosna. Pero yo no tenía por qué pedir limosna. Yo era un trabajador. Yo tenía derecho . . . (*Sombrío.*) Entré en el sanatorio humillado. Tenía ya . . . sí, lo que tú dices, el alma enferma. 5

GENOVEVA—Tienes que superar todo eso, Luis. Todos tenemos que soportar nuestras humillaciones. La vida es así.

LUIS—(*Con una sonrisa triste.*) Pero no debería ser así, ¿verdad? (*Un silencio.*) Desde que tuve el primer vómito, aquella noche, en la cama, mi vida ha sido muy triste. 10 Las largas mañanas en el hospital . . . Los enfermos éramos como un rebaño mugriento que no tenía derecho más que a sufrir. (*Sonríe un poco.*) Me costaba trabajo subir al piso donde me hacían los análisis.° Esperaba el ascensor. Pero a veces, cuando iba ya a tomarlo, el del 15 ascensor me rechazaba para dejar subir a algún doctor a alguien que había llegado después que yo. Yo tenía que esperar hasta que querían subirme. ¿Cómo iba a protestar? ¿A quién? (*Un silencio.*) Todo esto son tonterías, ¿verdad? 20

GENOVEVA—No. No son tonterías. Pero tienes que comprender que en todas las partes° hay gente grosera y mal educada . . . Esas cosas no te deben herir tanto.

LUIS—Si lo comprendo . . . , si yo lo comprendo . . . Pero es que en esos sitios espero que te traten así, porque 25 ahí eres el enfermo, ¿comprendes?, el enfermo . . . Y llevas dentro el miedo y no vas de igual a igual ° porque ellos no están enfermos. Te pueden siempre.°

Es horrible estar enfermo. Horrible. No hay nada peor.

GENOVEVA—Luis . . . 30

LUIS—(*Levanta la cabeza hacia ella.*) ¿Sabes lo peor que le puede ocurrir a un hombre pobre, Genoveva? En-

---

14 **me . . . análisis** they gave me tests

22 **en . . . partes** everywhere

27 **de . . . igual** as one equal to another

28 **Te pueden siempre** They always win.

MUERTE EN EL BARRIO

fermar. Enfermar, eso es lo peor que le puede ocurrir en este mundo.

GENOVEVA—Luis.

LUIS—¿Qué quieres?

GENOVEVA—¿Te parece que vayamos al Bar Moderno? Allí ⁵ se reúne Pablo con unos amigos. Podemos charlar con él. Verás cómo es un chico muy simpático. Me dijeron que fuera, pero les dije que no sabía si iba a poder.

LUIS—¿Les dijiste eso?

GENOVEVA—Por si tú no querías ir. ¹⁰

LUIS—¿Te hubieras quedado conmigo toda la tarde?

GENOVEVA—Claro, Luis.

LUIS—¿Por qué?

GENOVEVA—Me . . . me gusta estar contigo, Luis. ¿No te habías dado cuenta? ¹⁵

LUIS—No es posible. A nadie le gusta.

GENOVEVA—A mí, sí.

LUIS—Soy sucio, soy . . . repugnante. Puedo contagiar a todos. Cuando estoy en el bar veo que todos tienen cuida-do° de no beber agua en mi vaso. ²⁰

GENOVEVA—Pobre Luis. Cuánto te torturas.

> (*Le ofrece la chaqueta para que meta los brazos. El lo hace.*)

LUIS—¿No te da asco que haya estado en tu habitación?

GENOVEVA—No.

> (*El se vuelve. Están muy juntos.*)

LUIS—Hace calor, ¿verdad?

> (*Un silencio. Ella le abraza por la cintura.*)

GENOVEVA—Bésame. ²⁵

LUIS—¿Qué dices?

---

20 **todos tienen cuidado** everyone is careful

GENOVEVA—(*Le ofrece los labios.*) Bésame.

(*Luis la besa.*)

LUIS—Estoy enfermo. Puedo contagiarte.
GENOVEVA—Te quiero.

(*Se hace el oscuro.*)

preguntas

1. ¿Quién está esperando a Genoveva en su habitación?
2. ¿Por qué le enseña Genoveva el específico a Luis?
3. ¿Cuál es la reacción de Luis?
4. ¿Por qué dice Genoveva que Luis se niega a vivir?
5. ¿Se da cuenta Luis de que está protestando?
6. ¿Quién es Pablo?
7. ¿Qué opinión tiene Pablo de la enfermedad de Luis?
8. ¿Está de acuerdo Luis con el diagnosis de Pablo?
9. ¿Cómo se sintió Luis al enterarse de que tenía enfermedad del pulmón?
10. ¿Dónde trabajaba Luis?
11. ¿Qué le pasó al descubrir que su enfermedad era crónica?
12. ¿Qué hicieron los de la oficina para ayudar a Luis?
13. ¿Cómo se sintió al entrar en el sanitorio? ¿Por qué?
14. Según Luis, ¿qué es lo peor que puede ocurrir a un hombre pobre?
15. ¿Adónde le invita a ir Genoveva a Luis?
16. ¿Por qué no le gusta a Luis ir al bar?
17. ¿Qué piensa Luis de sí mismo?
18. ¿Por qué no le importa a Genoveva que Luis está enfermo?

modismos

Llene el guión escogiendo el modismo adecuado y haciendo los cambios necesarios.

abrir el apetito	gratis
al cabo de	negarse a
darse cuenta	no tener por qué
en casa de	tener cuidado
en todas partes	tener derecho
	volver a

1. Me he entretenido un poco _____ Sofía.

2. Este específico le _____.

3. Lo que ocurre es que tú _____ vivir.

4. Me empezaron a tratar _____ porque yo _____ por la cuota social.

5. Es que lo haces sin _____.

6. _____ unos meses, me dijeron que era una enfermedad crónica.

7. Genoveva le dice a Pablo que _____ verle mañana.

8. Yo _____ pedir limosna.

9. Hay gente grosera _____.

10. Todos _____ de no beber aqua de mi vaso.

traducción

Exprese en español:

1. Take off your jacket, as it is very hot.
2. It makes me sick even to think about eating.
3. You are protesting by letting yourself die.
4. It is a silent protest which comes from within.
5. Pablo will finish his medical studies soon.
6. I don't know what you would tell him.
7. At the end of several months, they told me that the illness was chronic.
8. If we had realized what the illness was, we would have been able to cure it.
9. They told me to meet them at the bar.
10. If we went to the bar, I would infect everyone.
11. If I had asked you, would you have stayed with me all afternoon?
12. What is the worst thing that can happen to a poor man?

repaso de verbos
(VERBOS IRREGULARES)

I. Dése el presente del infinitivo.

1. La enfermera (hervir) una jeringuilla.
2. ¿Yo le (hacer) daño?
3. Todo (poder) ser en este mundo.
4. Sofía (dormir) por la tarde.
5. ¿(Recordar) tú al doctor Sanjo? Sí, yo le (conocer).
6. Yo también (saber) decir palabrotas.
7. Siempre yo (decir) las verdades.
8. El doctor Sanjo me (pedir) unas pinzas.
9. A veces yo (ponerse) muy nerviosa.
10. Sofía (volver) a encender el cigarrillo.
11. ¿Cómo (estar) Juana? ¿(Seguir) igual?
12. ¿(Probar) tú el limón?
13. Sé que le (divertir).
14. Nosotros (tener) mucha prisa.
15. ¿Te (servir) yo un limón?

II. Escríbase los verbos en cursiva en pretérito.

1. *Hace* un poco de daño.
2. *Puedo* darle algo.
3. ¿Me *quieres* asustar, o qué?
4. Le *dicen* esto porque *es* verdad
5. *Estoy* aquí.
6. Yo las *pongo* lentamente.
7. ¿*Tienes* mucha prisa?
8. El doctor Sanjo *dice* las verdades como las *siente*.
9. El doctor me *pide* unas pinzas.
10. Tobías *duerme* en una cama turca.
11. La señora Sofía *se sirve* más refrescos.
12. *Vengo* a visitarle.
13. *Empiezo* a escuchar las novelas.
14. *Busco* al doctor Sanjo pero no le *encuentro*.
15. *Podemos* ir al club.

cuadro
quinto

El Bar Moderno. Hay un espejo y unas cortinas, que no hemos visto en el Prólogo.

(PEDRO *está detrás del mostrador. Tres estudiantes, en torno a una mesa, charlan.*)

ESTUDIANTE 1—Pedro.

PEDRO—Voy.

ESTUDIANTE 1—Traiga una jarrita de agua, por favor.

PEDRO—Voy.

ESTUDIANTE 1—Que esté fresca. (*A los otros.*) Estoy ⁵
muerto de sed.°

ESTUDIANTE 2—Y yo. No hago más que beber agua.

(PEDRO *llega con la jarra de agua.*)

ESTUDIANTE 1—Gracias.

(*Echa agua en los vasos. Beben. El* ESTUDIANTE
*3 saca un paquete de tabaco. Ofrece. Los otros
dos cogen.*)

ESTUDIANTE 3—Pues me ha salido caro.°

(*Ríen un poco.*)

ESTUDIANTE 1—Yo no tengo tabaco.   10

ESTUDIANTE 2—Ni yo. (*Fuman.*) ¿Adónde vamos luego?

ESTUDIANTE 1—Podemos ir al Club. A bailar.

ESTUDIANTE 3—Parece que hoy no viene Pablo.

ESTUDIANTE 1—A lo mejor está estudiando.

ESTUDIANTE 2—(*Con horror.*) No creo.   15

ESTUDIANTE 1—O en una reunión del Sindicato.° No sé
qué dijo de eso. (*Un silencio.*) Podíamos jugar una
partida.°

ESTUDIANTE 3—Yo no tengo gana.

ESTUDIANTE 2—Ni yo. (*Un silencio.*) Esta mañana he visto ²⁰
a Julita. Al salir de misa.

ESTUDIANTE 3—¿Iba sola?

ESTUDIANTE 2—No.

---

6 **Estoy . . . sed** I'm dying of thirst.
9 **Pues . . . caro** It has cost me a lot.
16 **Sindicato** *Sindicato Español Universitario, Spanish University* Union, *the student organization of the University of Madrid.*
18 **Podíamos . . . partida** We could play a game of cards.

ESTUDIANTE 3—Iría con el novio.

ESTUDIANTE 2—Puede que fuera el novio, porque tenía cara de imbécil.

(Un silencio.)

ESTUDIANTE 1—¿Queréis más agua?

ESTUDIANTE 2—Bueno.   5

(El ESTUDIANTE *1 echa agua. Beben. Llega* PABLO.*)*

PABLO—(A PEDRO.) Hola, Pedro.

PEDRO—Buenas tardes. ¿Café?

PABLO—Sí. Y una jarra de agua. Llévemelo a la mesa. *(Va a la mesa.)* ¿Qué hay? °

ESTUDIANTE 1—Hola, Pablo.   10

(Los otros también saludan.)

PABLO—*(Se sienta.)* Ayer estuve en el Sindicato.

ESTUDIANTE 1—*(A los otros.)* ¿No os decía?

PABLO—Les hablé de lo del doctor Sanjo.

ESTUDIANTE 2—¿Sí? ¿Y qué opinan de eso?

PABLO—Yo les dije que los estudiantes de Medicina debe- 15
mos declarar muy seriamente nuestra . . . nuestra repugnancia por un hecho así y por un tipo como ése. Que
debemos pedir su inhabilitación para el ejercicio de la
Medicina. Que el Sindicato debe pedir esto, y si no se
consigue, ir a la huelga.°   20

ESTUDIANTE 1—Puede que no sea para tanto.°

PABLO—*(Con furia.)* ¿Que no es para tanto?

ESTUDIANTE 1—He dicho "puede que no sea."

PABLO—*(Sombrío.)* Eso han dicho ellos también. Que
puede que no sea para tanto.   25

ESTUDIANTE 1—Tú te has exaltado mucho con este asunto.

---

9 **¿Qué hay?** What's new?   21 **no . . . tanto** it isn't so serious
20 **y . . . huelga** and if we don't get
it, go on strike

PABLO—Sí, me he exaltado. (*Un silencio.* PEDRO *le ha traído el café.*) Es que . . . en ése doctor Sanjo está todo lo que yo odio. Ser como ése es lo último que yo quisiera ser.

ESTUDIANTE 2—Ninguno queremos ser como ése,° Pablo. 5

PABLO—Pues hay que demostrarlo.

ESTUDIANTE 2—Ya lo demostraremos cuando llegue el momento, cuando seamos nosotros los que hagamos las guardias en los hospitales y en las clínicas; cuando seamos nosotros los médicos. 10

PABLO—No. Hay que demostrarlo ya.

(*Un silencio.*)

ESTUDIANTE 3—Entonces, ¿qué han dicho los del Sindicato?

PABLO—Pues que han de actuar prudentemente; que lo mejor es hacer un informe detallado sobre el caso.

ESTUDIANTE 3—¿Y tú qué piensas? 15

PABLO—¡Que mientras se hace o no el informe, el doctor Sanjo seguirá en la clínica como si no hubiera ocurrido nada!

ESTUDIANTE 3—Entonces, ¿qué se puede hacer?

PABLO—Yo no me doy por vencido.° 20

ESTUDIANTE 3—¿Tú has pensado algo?

PABLO—Sí.

ESTUDIANTE 3—¿Qué has pensado?

PABLO—Actuar por nuestra cuenta.°

ESTUDIANTE 3—¿Cómo? 25

PABLO—Un grupo vamos a su casa o al hospital y le damos una paliza. Le dejamos allí medio muerto. Y luego a ver qué pasa.

(*El* ESTUDIANTE *1 silba.*)

ESTUDIANTE 2—Eso es muy arriesgado.

5 **Ninguno . . . ése** None of us wants to be like that fellow
20 **Yo . . . vencido** I'm not giving up.
24 **Actuar . . . cuenta** To act on our own.

77

(Un pequeño silencio.)

ESTUDIANTE 3—Yo creo que eso se puede hacer.

PABLO—¿Verdad que sí? °

ESTUDIANTE 3—Si quieres vamos tú y yo.

PABLO—¿De verdad vendrías?

ESTUDIANTE 3—Claro que sí.° 5

PABLO—Pues entonces, vamos tú y yo, mañana. Al hospital.

ESTUDIANTE 3—De acuerdo.°

(Un silencio. El ESTUDIANTE *1 se remueve.)*

ESTUDIANTE 1—Es que si os ponéis así, yo también voy.

PABLO—¿Y tú?

ESTUDIANTE 2—No sé . . . Si vais los tres puede . . . 10
que os acompañe.

PABLO—Pues mañana, a las once, en el hospital.

(Toma su café.)

ESTUDIANTE 1—Y ahora podíamos jugar una partida.

PABLO—Nos jugamos los cafés.°

ESTUDIANTE 2—Vale. 15

ESTUDIANTE 3—Yo no tenía ganas, pero, bueno . . .

PABLO—Pedro, traiga una baraja.

PEDRO—Ya voy.

(Les lleva la baraja.)

PABLO—Gracias.

(Baraja. Da a cortar.• Juegan. Entran en el
bar PACO *y* JUANITO. *Se sientan en banquetas*
del mostrador.)

JUANITO—(A PEDRO.) ¿Nos pones dos cervezas? 20

PEDRO—En seguida.

---

2 **¿Verdad que sí?** Isn't that so?
5 **Claro que sí** Of course.
7 **De acuerdo** Agreed.

14 **Nos . . . cafés** We'll play for coffee.
• **Da a cortar** He puts the cards out to be cut.

(Las pone.)

PACO—(*Bebe un poco.*) Me parece que hoy no vendo ni uno.

JUANITO—Como sigas así . . .

PACO—Es que cualquiera va° ahora hasta el campo de fútbol.

JUANITO—Pues déjalo.°

PACO—Me voy a quedar con todo el papel.

JUANITO—No te preocupes. Un día es un día. Además, no te quedan tantos.

PACO—(*Por el montón de periódicos.*) Unos cincuenta.

ESTUDIANTE 1—Paco, ¿tienes el *Deportes*?

PACO—Sí.

> (*Le lleva un ejemplar. Lo cobra. Vuelve con* JUANITO.)

JUANITO—¿Ves? Si no hay que molestarse. Así los vas vendiendo.

PACO—Lo que es así° . . .

> (*Entran* TOBIAS y RAMON. *Van a una mesa y se sientan.* RAMON *da palmas.•*)

PEDRO—Voy.

JUANITO—(*Se acerca.*) Hola, señor Tobías. ¿Cómo van esos ánimos? °

TOBIAS—Vaya.°

JUANITO—Perdone usted la curiosidad. ¿Ha ido Arturo a su casa?

TOBIAS—Sí.

> (PACO *se ha acercado también.*)

PACO—Estaba como asustado. Quería hablar con su hija.

---

4 **cualquiera va** everyone is going
6 **Pues déjalo** Well, forget about it.
15 **Lo . . . así** The fact is that this way (*it will take him forever to sell the newspapers.*)

• **da palmas** claps his hands
18 **¿Cómo . . . ánimos?** How do you feel?
19 **Vaya** So-so.

CUADRO QUINTO

TOBIAS—Ya.

PACO—¿Ha . . . ha podido hablar?

TOBIAS—Por fin, sí.

JUANITO—¿Cómo "por fin"?

TOBIAS—Es que mi hija al principio no quería . . . Luego, 5
cuando él ya se había marchado, ha dicho de pronto que
quería hablar con él. Al salir nos lo hemos encontrado en
la calle y se lo hemos dicho, ¿verdad? (RAMON *asiente.*)
Ha subido a verla corriendo.

RAMON—(*A* PEDRO, *que ha venido con dos cafés.*) Trae un 10
dominó. ¿Queréis jugar una partida?

JUANITO—¿De dominó?

RAMON—Sí, Tobías y yo contra vosotros.

JUANITO—(*A* PACO.) ¿Quieres?

PACO—Pero, ¿y los periódicos? 15

JUANITO—Deja a los periódicos en paz. Una partidita.

PACO—Bueno, ¡pero me parece que hoy los periódicos . . . !

> (*Se sientan.* PEDRO *les pone el dominó. Cogen
> fichas. Juegan. En este momento entra un hom-
> bre muy andrajoso. Lleva una vieja guitarra.
> Con un gesto ambiguo, pide permiso a* PEDRO.
> *Este se encoge de hombros. Entonces el hombre
> se sitúa y, acompañándose de la guitarra, canta
> roncamente:*)

EL HOMBRE DE LA GUITARRA—

Ansiosos de vivir 20
una vida mejor
llegamos a este Centro una mañana;
queríamos sentir
de cerca° este calor;
llegamos en hermosa caravana. 25
El Centro de Instrucción°

---

24 de cerca at close range

26 El . . . Instrucción Educational
Worker's Center

sus puertas nos abrió
y a todos cobijó amablemente;
a fondo° el corazón
de todos conquistó
el Centro Obrero de Instrucción. 5

(*Nadie se ha movido. El hombre se quita la gorra y la pasa entre las mesas. Alguien le da una moneda. Los demás no parecen haberse dado cuenta de su presencia. Un estudiante le da un billete pequeño. El hombre se seca el sudor. Se dirige a* PEDRO *y le tiende la gorra.* PEDRO *dice que no con la cabeza. El hombre recuenta el dinero de sus bolsillos y pone algún dinero sobre el mostrador. Entonces* PEDRO, *sin ningún comentario, le sirve una caña de cerveza. El hombre empieza a beberla lentamente. Entra en el bar* ARTURO. *No ha dejado de oirse el choque de las fichas de dominó sobre la mesa.*)

ARTURO—(*Va al mostrador.*) Hola.

PEDRO—¡ARTURO! Tú por aquí?

ARTURO—Ya ves.

PEDRO—(*Cortado.*) He sentido mucho lo de . . . lo del chico. 10

ARTURO—Gracias, Pedro.

(TOBIAS *se levanta de la partida y va hacia* ARTURO.)

TOBIAS—¿Qué?

ARTURO—Muy bien, señor Tobías. Todo se arreglará.

TOBIAS—(*Hace un gesto vago.*) ¿Quieres tomar algo? ¿Una cerveza? 15

ARTURO—No, me voy a tomar una copa de coñac.

TOBIAS—Pero con eso vas a tener más calor.°

3 **a fondo** thoroughly, completely   17 **tener más calor** to be hotter

81

CUADRO QUINTO

ARTURO—No . . . ; con un poco de seltz . . . (*A*
PEDRO.*) Una copa de coñac. (*PEDRO se la pone. *ARTURO
la bebe de un trago.°) Otra. ¿Quiere usted tomar algo?

TOBIAS—No, gracias. Voy a seguir la partidita . . .

ARTURO—Bueno, bueno.   5

TOBIAS—Hasta ahora.°

ARTURO—Hasta ahora.

> (*TOBIAS vuelve a la partida. *PEDRO* le ha puesto
> el coñac. *ARTURO* bebe lentamente.*)

PEDRO—Coñac . . . Ahora vas a ver cómo sudas . . .

ARTURO—(*Se encoge de hombros.*) ¡Y qué!

PEDRO—(*Se encoge también de hombros.*) Pues que su-   10
das . . .

ARTURO—(*Saca una moneda.*) Voy a poner algo en la gramola.° (*Va y echa la moneda. Funciona el mecanismo.
Empieza a oirse una melodía con un ritmo que recuerda
al que oímos durante los oscuros.*) Dame otra copa.   15
(*PEDRO le sirve.*) ¿Y qué tal la vida por aquí?

PEDRO—Pues, ya ves . . .

ARTURO—El barrio siempre igual, ¿no?

PEDRO—Siempre igual, hijo.

ARTURO—Es raro lo que me pasa a mí hoy.   20

PEDRO—Pues, ¿qué te pasa?

ARTURO—Que veo mi barrio y me sorprende, que me extraña.

PEDRO—¿Qué te extraña el barrio?

ARTURO—Es una cosa rara. Lo reconozco todo y, sin em-   25
bargo, me parece que lo veo por primera vez. A ver si es
que estoy volviéndome loco.

PEDRO—No te preocupes. A veces se piensan cosas raras. A
mí también me ocurre.

ARTURO—No debí irme del barrio. No es de buena gente   30
irse del barrio,° ¿verdad?

3 **la . . . trago** he drinks it down in
one gulp
6 **Hasta ahora** See you soon.

13 **Voy . . . gramola** I'm going to
play something on the juke-box.
31 **No . . . barrio** Good people don't
leave their neighborhood

PEDRO—Depende de adónde vaya uno.

ARTURO—Es malo irse. Vaya uno adonde vaya . . .

PEDRO—Yo muchas veces tengo ganas de marcharme.

ARTURO—Quédate. Este es un buen barrio.

PEDRO—Sí que lo es, a pesar de todo.   5

ARTURO—(*Mira fijamente a* PEDRO.) No sé lo que me pasa.

PEDRO—¿Qué me miras?

ARTURO—Te reconozco. Eres muy familiar para mí, Pedro.
Cuando era pequeño, hasta me diste algún azote por mis
travesuras —¿te acuerdas cuando me pegaste porque te   10
pinté con tiza la pared de afuera?— Y, sin embargo,
ahora me extraña verte, me extraña que seas así y me doy
cuenta, por primera vez, de que tienes una verruga en la
cara y las cejas muy peludas. Me pareces raro.

PEDRO—Bueno, bueno, déjame en paz.   15

(*Un silencio.*)

ARTURO—¿Te acuerdas de mis padres?

PEDRO—¡Cómo no me voy a acordar!

ARTURO—Yo ahora, de pronto, me he puesto a recordarlos
mucho, y me ha dado pena. (*Un silencio.*) Te acordarás
de aquel bombardeo fue la noche de Navidad.   20

PEDRO—¡Que si me acuerdo!

ARTURO—No habíamos cenado. Nos habíamos acostado
aburridos . . . y tristes . . . Y mis padres ya no se
despertaron más.

PEDRO—Aquella noche hubo mucha desgracia.   25

ARTURO—Para mí, que era un chaval, toda la desgracia del
mundo.

(*Un silencio.* ARTURO *baja la cabeza.* PEDRO *lo
observa y hace un movimiento de condolencia.
Una larga pausa, durante la que se oye la melodía del disco.* EL HOMBRE DE LA GUITARRA *ha
terminado su cerveza. Recuenta su dinero. No
se decide a pedir otra. Murmura algo. Sale. Un
pesado sopor va cayendo sobre todos. Se oye*

83

CUADRO QUINTO

*el rítmico golpear de las fichas del dominó en
la mesa. De pronto, ese ruido de las fichas
empieza a hacerse más rápido y fuerte, casi
febril, hasta que* TOBIAS *termina con un fuerte
golpe.)*

RAMON—(*A* TOBIAS.) Pero, ¿cierras?

TOBIAS—¡Pues claro!

(*Sigue jugando.*)

PACO—¿Todavía sigue el disco ése?

JUANITO—Es que debe haberse estropeado la gramola.

(*Siguen jugando. Entran en el bar* GENOVEVA
y LUIS. *Van al grupo de los estudiantes. Ellos
se levantan.*)

PABLO—Hola, Genoveva.   5

GENOVEVA—Hola, Pablo. Os presento a mi amigo, Luis.

PABLO—Tanto gusto.° (*Saludos.*) Pues sentaros.

GENOVEVA—Estáis jugando.

PABLO—Es que no teníamos nada que hacer. (*Vemos que*
ARTURO, *en el mostrador, está tomando otra copa de* 10
coñac.) ¿Qué queréis tomar?

GENOVEVA—Yo, ahora, nada.

LUIS—Yo, tampoco.

(*Un silencio.*)

GENOVEVA—(*A* PABLO.) Luis es el chico de que te hablé.

PABLO—Ya me lo he figurado. (*Un silencio. No saben qué* 15
decir.) Qué calor, ¿eh?

GENOVEVA—Sí, mucho.

(*Todo el mundo está en silencio. La gente está
inmóvil, como desmayada. Se oye el disco de
la gramola. Entonces entra en el bar el doctor*
SANJO. *Es un hombre corpulento, de aspecto
vulgar. Al entrar él, el disco se acaba o se para,
no se sabe.* SANJO *va al mostrador y ocupa una
banqueta.* PEDRO *le mira, nervioso. Algunas*

7 **Tanto gusto** I'm very glad to
know you.

MUERTE EN EL BARRIO

miradas se han vuelto hacia SANJO, *que ignora*
todo lo que hay alrededor.)

SANJO—Un doble de coñac.

PEDRO—Sí, señor.

(*Le sirve una copa.*)

SANJO—Te he dicho un doble.

PEDRO—Perdone, doctor Sanjo.

(ARTURO *se vuelve.*)

ARTURO—(*A* PEDRO.) ¿Cómo has dicho?   *5*

PEDRO—¿Qué?

ARTURO—Que cómo has dicho que se llama este señor.

PEDRO—Es . . . es el doctor Sanjo.

ARTURO—(*Pálido.*) Gracias. (*Da un golpecito en la espalda
del doctor.*) Oiga.   *10*

SANJO—(*Se vuelve malhumorado.*) ¿Qué quiere usted?

ARTURO—Es . . . el doctor Sanjo, ¿verdad?

SANJO—Sí, ¿qué quiere?

ARTURO—Nada. Verlo de cerca.

(*Lo mira insolentemente. El doctor, incómodo,
bebe un poco de coñac. Mira a su alrededor.
La gente lo mira. El doctor carraspea*• *un poco
nervioso.*)

SANJO—¿Quiere dejarme en paz?   *15*

ARTURO—(*Sigue mirándole fijamente.*) Así que es usted.

SANJO—(*Tuerce el gesto,*° *indeciso.*) ¿Yo? ¿Quién?

ARTURO—Dice que quién . . . (*Hace un gesto torcido.*
SANJO *se seca el sudor con un pañuelo.*) En el barrio lo
conocen a usted . . . mucho. Todo el mundo lo *20*
conoce. Yo acabo de llegar y ya he oído hablar de usted °
. . . Así que anda por la calle . . . tranquilo . . .
Me lo suponía. (SANJO *bebe, de un trago, su coñac.*) Le
voy a dar una noticia, doctor . . . por si le interesara. El

• **El doctor carraspea** The doctor
clears his throat

17 **Tuerce el gesto** Makes a wry face

22 **ya . . . usted** I've already heard
about you

viernes pasado, en este barrio, hubo un accidente. Un camión . . . atropelló a un niño . . . en la calle. El viernes pasado, en el barrio, doctor, hubo una desgracia. ¿Qué tiene que decir? ¿Qué opina de este asunto? ¿Tiene algo que decir . . . usted? (*Cambia bruscamente de* 5 *tono. Grita, duramente.*) ¡Asesino! ¿Sabe de qué le hablo?

SANJO—(*Mira, inquieto, a su alrededor.*) Supongo . . . , supongo que de un niño que llegó muerto a la clínica. Fue atendido, pero . . . no había nada que hacer.° Llegó muerto. 10

ARTURO—(*Mueve la cabeza.*) No llegó muerto. Es que nadie supo curarlo, doctor . . . Es que no había nadie para curarlo . . .

SANJO—No . . . Con seguridad no se ha informado bien° . . . Yo he visto el parte . . . Fractura de la 15 base del cráneo . . . ¡No había . . . nada que hacer!

ARTURO—Daba igual doctor . . . Si no había nadie para hacerlo . . .

SANJO—Lo siento. No se pudo hacer nada. Pedro, cóbrate. (*Deja un dinero y trata de salir.* ARTURO *se lo impide,* 20 *poniéndose en la puerta.*) Déjeme pasar.

ARTURO—No. Usted no se va.

SANJO—(*Queda quieto. Vuelve la vista*° *y va mirando, uno por uno, a todos los que le observan.*) ¿Qué quieren ustedes? (*Nadie dice nada. Grita nervioso.*) Pero, ¿qué 25 quieren?

PABLO—(*Da un paso adelante.*) Nada, doctor.

SANJO—Díganle a este hombre que me deje salir. No sé qué le ocurre.

PABLO—Yo no pienso decirle nada, doctor. 30

(SANJO *se enjuga el sudor con un pañuelo.*)

LUIS—Hace mucho calor, ¿verdad?

SANJO—Pedro, ¿qué es esto? ¿Qué me habéis preparado?

---

9 **no . . . hacer** there was nothing to be done

15 **Con . . . bien** Surely you have been misinformed

23 **Vuelve la vista** He looks around

MUERTE EN EL BARRIO

PEDRO—¿Preparado, doctor? Nada.

SANJO—Diles que me dejen salir.

PEDRO—¿Yo? No sé si me harían caso, doctor.

SANJO—¡Llama a la Policía!

PEDRO—(*Coge el teléfono.*) Sí señor. (*Escucha.*) Qué 5
raro . . . El teléfono no funciona.

(*Cuelga.*)

SANJO—¡Pedro!

PEDRO—¿Qué, doctor?

SANJO—Ayúdame a salir.

PEDRO—Yo . . . yo no, doctor.   10

SANJO—(*Se vuelve a todos.*) ¡Déjenme! ¡Déjenme irme de
aquí (*El cerco se estrecha.* SANJO *mira aterrado a su
alrededor.*) Dejen que me vaya . . . Es posible que yo
haya cometido algún error. ¡No sé! Denúncienme . . .
Yo daré mis razones, mis . . . mis excusas. A veces me 15
pongo enfermo . . . Y necesito . . . salir de la clínica
. . . Los pasillos me ahogan . . . estoy mal . . . Soy
. . . me siento desgraciado . . . ¡Tengo miedo! ¡Una
guardia . . . me da horror! ¡Me angustia esperar allí
encerrado! Esperar, ¿qué? ¡Puede llegar *todo!* ¡Un hom- 20
bre con el cráneo abierto . . . sangre . . . ! Yo no
quería dedicarme a la clínica . . . Quería investigar
. . . , pero necesitaba dinero . . . , vivir . . . Me
vi metido en el hospital . . . Empecé a beber . . .
(*Grita.*) ¡Les ruego que me dejen! ¡Déjenme salir! ¡Se 25
lo ruego a todos! ¡Déjenme! (*Va hacia la puerta. En ella
están vestidas de negro, inmóviles, casi rígidas,* JUANA,
MARIA, *y* SOFIA. *No dicen nada. Como sin querer, le
cierran el paso. Se vuelve.*) ¡Alguien tiene que ayu-
darme! (*Ve a* GENOVEVA.) ¡Usted! ¡Usted me conoce, 30
hemos trabajado juntos! ¡Dígales que me dejen salir de
aquí!

GENOVEVA—(*Simplemente.*) ¡No! ¡No!

(*El doctor grita y se abalanza sobre* ARTURO.
Pero se detiene bruscamente. ARTURO *tiene una*

87

navaja en la mano. Entonces el doctor se apodera de una botella, la rompe y trata de herir a ARTURO *con el casco, pero* PABLO, *por detrás,• detiene su brazo.* ARTURO *le hunde la navaja.• Los demás han estrechado el círculo.* SANJO *cae. Se levanta penosamente y aún trata de escapar, pero* PACO *lo caza y lo tira al suelo. Cae un espejo. Lo hieren más.* SANJO *se debate aún. Caen mesas. Se rompen vasos y copas. De pronto se produce un silencio. El cuerpo de* SANJO *es un guiñapo en el suelo. Todos están casi inmóviles. Se miran.* ARTURO *dice con estupor:)*

ARTURO—¿Qué ha ocurrido?

PABLO—(*Que se ha inclinado sobre el cuerpo de* SANJO.) Muerto . . .

(*Un silencio.*)

ARTURO—(*Como ausente.*) Casi no se puede respirar. ¿Qué ocurre? [5]

PABLO—(*Se seca el sudor de la frente.*) Es calor de tormenta. Pero la tormenta no acaba de estallar . . .

GENOVEVA—Se ahoga uno.

LUIS—Sí.

RAMON—¡Uf! Esto no puede continuar. [10]

TOBIAS—No corre aire.

PACO—Nada de aire.

JUANITO—Nada . . .

(GENOVEVA, *de pronto, se echa a llorar,* ARTURO *grita.*)

ARTURO—¡He sido yo!° ¡Nadie tiene que preocuparse! ¡He sido yo! [15]

PABLO—(*Está pálido. Trata de parecer tranquilo.*) No . . . Espere. Hemos sido todos . . . Pedro, ¿quiere llamar a la Policia?

(PEDRO, *nervioso, marca un número.• Se hace el oscuro.*)

• **por detrás** from behind
• **le . . . navaja** stabs him
14 **¡He sido yo!** I did it!

• **marca un número** dials a number

preguntas

(páginas *74–82*)

1. ¿Cómo ha cambiado el escenario en este cuadro del primero?
2. Al levantarse el telón, ¿quiénes están charlando, y de qué hablan?
3. ¿Dónde estuvo Pablo antes de venir al bar, y qué discutieron?
4. Según Pablo, ¿qué debe hacer el Sindicato en cuanto al doctor Sanjo?
5. ¿Qué piensa hacer el Sindicato en el caso del doctor Sanjo?
6. ¿Por qué no está de acuerdo Pablo con la opinión del Sindicato?
7. ¿Qué plan tiene Pablo? ¿Están de acuerdo todos los estudiantes?
8. ¿Quiénes entran en el bar?
9. ¿Por qué está preocupado Paco?
10. Al llegar Tobías, ¿qué preguntas le hacen Juanito y Paco?
11. ¿A qué empiezan a jugar los cuatro?
12. ¿Qué hace el hombre de la guitarra?
13. ¿Qué le pide Arturo a Pedro?

(páginas *82–88*)

14. ¿Qué le parece raro a Arturo? ¿Por qué?
15. ¿De quiénes se acuerda Arturo, y qué les había pasado?
16. ¿Quiénes entran y van al grupo de los estudiantes?
17. Por fin, ¿quién entra?
18. ¿Quién se acerca al médico, y de qué empieza a hablar?
19. Según el parte, ¿de qué murió el niño?
20. ¿Qué contesta Arturo?
21. ¿De qué tiene miedo el médico?
22. ¿Qué ocurre cuando Sanjo trata de salir?
23. ¿A quién pide ayuda Sanjo?
24. ¿Por qué no llama Pedro a la Policía?
25. ¿Por qué no quería dedicarse a la clínica el doctor?
26. ¿Por qué era necesario que lo hiciera?
27. ¿Por qué no le gusta estar en el hospital a Sanjo?
28. Al ver que nadie le ayuda, ¿qué trata de hacer el doctor?
29. ¿Qué tiene Arturo en la mano?
30. ¿Cómo trata de defenderse el médico?
31. ¿Por qué no puede protegerse?
32. ¿Qué le hace Arturo al doctor Sanjo?

33. ¿Qué hacen los demás?
34. ¿Qué reacción tiene Arturo después de matar al médico?
35. ¿Qué les dice Arturo a todos en el bar?
36. ¿Qué comentario hace Pablo?
37. ¿Cómo termina el cuadro?

modismos

Llene el guión escogiendo el modismo adecuado y haciendo los cambios necesarios.

ahora mismo	morir de sed
a lo mejor	oir hablar de
apoderarse de	por detrás
de cerca	tener calor
dejar de	todo el mundo
de pronto	volver la vista
haber de	volverse loco
marcar el número	

1. A ver si es que yo _____.

2. _____ Pablo está estudiando.

3. Tráigame un vaso de agua; _____.

4. ¿Nos pones dos cervezas? ¡_____!

5. Después de tomar el coñac, _____.

6. El doctor los miraba, y _____ una botella para defenderse.

7. _____ se echó a llorar.

8. Nervioso, él coge el teléfono y _____.

9. Pues que _____ actuar prudentemente.

10. Yo acabo de llegar y ya _____ usted.

11. Quería verlo _____.

12. El doctor _____ y vio que todos le miraban.

13. Pablo, _____, detiene la mano del doctor.

14. Los estudiantes _____ jugar al dominó cuando entra el doctor.

15. _____ está en silencio.

traducción

Exprese en español:

1. I don't feel like playing cards.
2. At first, Juana didn't want to talk to him.
3. The man takes off his hat and passes it among the tables.
4. Someone gives him a coin.
5. The man with the guitar recounts his money.
6. He drank the cognac in one gulp.
7. At times, one thinks strange things.
8. I often feel like leaving the district.
9. It is a good neighborhood in spite of everything.
10. We don't have anything to do.
11. Dr. Sanjo wipes away the sweat with a handkerchief.
12. He took a step forward but Arturo stopped him.
13. Tell this man to let me leave!
14. I can't call the police because the telephone is not working.
15. I do not know if they would pay attention to me.
16. Surely you have been misinformed.
17. We'll go on strike if the Syndicate does not report him.
18. I'm not giving up!
19. You don't have many newspapers left.
20. My parents didn't wake up anymore.

repaso de verbos
(PERFECTO Y POTENCIAL)

I. Dése la forma del perfecto para los verbos en cursiva:

Ejemplo:

Hablo despacio. He hablado despacio.

1. Yo no le *veo* desde antes de ocurrir lo del niño.
2. Siempre los hombres *dicen* que soy un poco bruta.
3. *Haces* una intervención de urgencia.
4. María no *abre* la puerta por Arturo.
5. *Vamos* a dar una vuelta.
6. *Vuelven* a ver al doctor en el bar.
7. ¿Nos *pones* dos cervezas?
8. *Traen* una baraja.
9. *Se despiertan* tarde.
10. Yo *me* lo *figuro*.
11. La sangre *cubre* el suelo del bar.
12. ¿*Dice usted* la verdad Pedro?
13. El comisario *escribe* todo lo que *dice* Pedro.
14. ¿*Cometimos* un gran error?
15. Los habitantes *cierran* la salida del bar.

II. Dése la forma del progresivo para los verbos siguientes:

Ejemplo:

Salgo. Estoy saliendo.

1.	dices	6.	lees	11.	traigo
2.	abre	7.	servimos	12.	pueden
3.	muere	8.	oye	13.	hieren
4.	duermen	9.	ocurre	14.	cae
5.	pido	10.	hace	15.	vuelven

MUERTE EN EL BARRIO

epílogo

En el bar.

(PEDRO y el COMISARIO, *que apura su cerveza.*)

COMISARIO—Lo ha contado muy bien. Le felicito.

PEDRO—No lo olvidaré nunca. Una impresión así queda para toda la vida.

COMISARIO—Claro . . . Es una impresión un poco fuerte.

PEDRO—¡Figúrese! 5

COMISARIO—En la primera declaración no diría que usted se negó a avisar a la Policía cuando el doctor Sanjo se lo pidió.

PEDRO—¡No dije nada!

COMISARIO—¿Y por qué me lo ha dicho a mí? 10

PEDRO—Tenía que contárselo a alguien.

COMISARIO—Y se lo ha contado a un policía. Es un error.

PEDRO—(*Nervioso.*) ¿Me ocurrirá algo?

COMISARIO—(*Evasivo.*) Ya veremos. Pero no vuelva a contárselo a nadie . . . 15

PEDRO—Gracias. No sé cómo decirle. Me sentí muy unido a todos los que no querían que saliera.

COMISARIO—Lo comprendo.

PEDRO—Pero yo no sabía que lo iban a matar.

COMISARIO—Ellos tampoco. Pero ya se mascaba la muerte. 20 Se olía a sangre.° (*Mira haca afuera.*) Se está nublando.

PEDRO—Sí, se ha puesto oscuro.

COMISARIO—Hacía demasiado calor.

PEDRO—Tenía que venir la tormenta.

COMISARIO—Digo el domingo. 25

PEDRO—¿Cómo el domingo?

COMISARIO—Que el domingo hacía demasiado calor.

PEDRO—Sí, mucho . . . (*Se oye un trueno lejano.*) ¿No le digo? Ya está ahí.

COMISARIO—Ya está ahí. (*Empieza a oírse el rumor de la* 30 *lluvia.*) Un buen chaparrón. (*Se fija en* PEDRO, *que ha quedado pensativo.*) ¿En qué piensa?

PEDRO—En Juana. Pobre chica, ¿verdad? Claro que a lo mejor Arturo sale bien de ésta, y entonces . . .

---

21 **Pero . . . sangre** Death was in the air. You could almost smell blood.

COMISARIO—No creo que salga bien; pero en fin . . .

PEDRO—¿Le saldrán muchos años? °

COMISARIO—Supongo.

PEDRO—¿Y a los demás?

COMISARIO—(*Se encoge de hombros.*) No sé . . . (*Va* 5
hacia la puerta.) Son gotas grandes . . . Se revientan
en el suelo y parece que sale humo. Dan ganas de salir a
mojarse.

PEDRO—¿Verdad?

COMISARIO—A pesar del asfalto, parece que huele a tierra 10
mojada.

PEDRO—(*Aspira.*) Es verdad.

COMISARIO—Puede que si esto hubiera ocurrido el otro día,
a estas horas el doctor Sanjo estuviera tan tranquilo.

PEDRO—Se siente uno mejor. Era ya demasiado. 15

COMISARIO—Tendría que irme.

PEDRO—Quédese un rato.

COMISARIO—Se está bien aquí viendo llover. (*Aumenta el
rumor de la lluvia.*) Ahora llueve más.

PEDRO—¡Oh, ahora llueve mucho! 20

COMISARIO—Se respira, ¿verdad? Es un alivio.

PEDRO—(*Respira hondo.*) Se respira . . .

(*Va cayendo el telón.*)

2 **¿Le . . . años?** Will he get many
years?

MUERTE EN EL BARRIO

preguntas

1. ¿Por qué le felicita el comisario a Pedro?
2. ¿Qué no mencionó Pedro en la primera declaración a la Policía?
3. ¿Por qué le volvió a contar todo Pedro al comisario?
4. Según Pedro, ¿por qué participó él en el crimen?
5. ¿Qué dice el comisario acerca de la intención del pueblo en la muerte del médico?
6. ¿Cómo va a salir Arturo de todo esto?
7. ¿Qué clase de tiempo empieza a hacer?
8. ¿Cuál es el significado del comentario del comisario, "Es un alivio."?

modismos

Llene el guión escogiendo el modismo adecuado y haciendo los cambios necesarios.

de todos modos	hacer calor
encogerse de hombros	tener que
fijarse en	

1. La tormenta _____ venir.

2. El domingo pasado _____ .

3. El comisario _____ Pedro.

4. _____ Arturo no saldrá bien.

5. El comisario _____ en vez de contestar la pregunta.

traducción

Exprese en español:

1. Such an impression will remain all your life.
2. You refused to call the police.

EPILOGO

3. I had to tell it to someone.
4. Don't tell it to anyone again.
5. They didn't want him to leave.
6. It's getting cloudy.
7. I didn't know they were going to kill him.
8. It smells like wet earth.
9. If this had happened the other day, Dr. Sanjo would be alive now.
10. Don't go! Stay awhile!

repaso de verbos
(SER Y ESTAR)

1. Se _____ bien aquí viendo llover.

2. El doctor _____ un hombre corpulento.

3. Genoveva _____ en casa de Sofía.

4. Anoche el médico de guardia no _____ en la clínica.

5. Entró un hombre que no _____ del barrio.

6. Genoveva _____ una enfermera de la clínica.

7. ¿Quieres jugar al dominó? ¡_____ bien!

8. Arturo todavía _____ enamorado de Juana.

9. Yo no _____ para novelas.

10. El niño _____ muerto al llegar al hospital.

11. ¿Quién _____ el médico de guardia el domingo pasado?

12. Yo no _____ contento cuando vivía fuera del barrio.

13. _____ mejor tomar la inyección.

14. Sofía _____ fumando mientras escuchaba la radio.

15. No podía trabajar porque _____ enfermo.

16. _____ las ocho cuando Tobías llegó.

17. El limón _____ estupendo.

18. _____ importante ponerlas lentamente.

19. Me dijo que _____ aquí a las dos.

20. ¿Dónde _____ tú ayer por la tarde?

temas para conversación o composición

1. ¿Cuál es el tema principal de este drama? ¿Se puede decir que trata de un tema universal?

2. ¿Quién es el protagonista principal de la obra? ¿Por qué?

3. Discuta usted el papel del tiempo en este drama. ¿Qué relación tiene el tiempo con la acción?

4. Dos personajes que aparecen en la obra son Sofía y el hombre de la guitarra. ¿Qué importancia tienen?

5. ¿Qué clase de barrio es, y cómo son los habitantes?

6. ¿Se puede decir que el doctor Sanjo es un asesino? Discuta su incompatibilidad en cuanto a su profesión y su vida social.

vocabulary

The vocabulary for *Muerte en el barrio* is intended to be complete except for the following omissions:

numbers (cardinal and ordinal)

adverbs ending in *-mente*

articles, personal pronouns, and possessive adjectives

common diminutives and augmentatives

common conjunctions and prepositions

conjugated verb forms

Meanings given in the vocabulary are textual. Common idioms have been cross-noted and will be found under more than one entry. Gender has been noted wherever necessary, and stem-changing verb entries include the change within parentheses.

A

abalanzar to hurl, throw; **abalanzarse** to throw oneself

abandonar to leave

abandono neglect

abanicarse to fan oneself

abierto (*past part.* of **abrir**) open, opened

abrazar to embrace, hug

abrazo embrace, clasp, hug

abrir to open; — **el apetito** to whet the appetite

aburrido tired, weary

aburrir to bore, tire

acabar to finish; — **con** to put an end to; — **de** + inf. to have just + *past part.*

acariciar to caress

accidente *m.* accident

acción *f.* action

aceituna olive

aceptar to accept

acera sidewalk, pavement

acercar to bring near; **acercarse a** to come near, approach

acompañar to accompany

acordarse (ue) to remember

acostarse (ue) to go to bed

acostumbrar to accustom; **acostumbrarse a** to become accustomed to

actuar to act

acudir to come (in answer to a call); to run (to help)

acuerdo agreement; **de —** in agreement

acusar to accuse, blame

adelante forward; come on

ademán *m.* gesture; **hacer — de** to make a move to

además moreover

adiós goodbye

adónde where

afectuoso, –a affectionate; fondly

afuera outside

agradable pleasant

agradecer to be thankful for

agruparse to crowd together

agua water

aguantar(se) to endure

aguja needle

ahí there; **por —** over there; **— mismo** right there, in that very place

ahogar to stifle, choke; drown

ahora now; **hasta . . . mismo** thus far, up to now

ahorcar to hang

aire *m.* air

al (a + el) at (to, etc.) the; **— día** per day; **— + inf.** upon + *pres. part.*

alcohol *m.* alcohol

alegrar to gladden; **alegrarse de** to be glad to

algo something; **— de** somewhat; **por —** for some reason

algodón *m.* cotton

alguien someone, somebody

alguno, –a some

aliviar(se) to relieve; to get better

alivio relief

allí there; **— mismo** in that very place

alma soul

alrededor around, about; **mirar a su —** to look around

alrededores *m. pl.* outskirts, surroundings

alto, -a high

altura height, altitude; **a estas alturas** after all this, at this time

amable kind

amargo bitter

ambiguo ambiguous

amigo friend

amistad *f.* friendship

ampolla vial

análisis *m.* or *f.* analysis

andar to walk; **¡anda!** move on, go ahead!

andrajoso, –a ragged

angustiar(se) to distress; to torment oneself

animar(se) to cheer up

ánimo feelings; courage

ansioso, –a anxious, longing

ante in the presence of, before

antebrazo forearm

antes before, formerly

apagar to put out (lights, fire)

apañar to take advantage of
aparatoso pompous, showy
apenas hardly, scarcely
apetito appetite; **abrir el —** to whet the appetite
aplicar to use
apoderarse (de) to seize, grasp
apurar to drink up
aquí here; **por —** this way
arañazo long, deep scratch
árbol *m.* tree
armar(se) to stir up; **— un lío** to make a mess of things
arrancar to pull away
arreglar to arrange, settle
arrepentirse (ie, i) to repent
arriesgado, –a dangerous
arruga wrinkle, crease
asar to roast
ascensor *m.* elevator
asco nausea; **dar —** to turn the stomach, make sick
asegurar to assure
asentir (ie, i) to agree
asesino *m.* or *f.* assassin
asfalto asphalt
asfixiar to suffocate
así thus, in this way, like this; **— que** as soon as, after
aspecto appearance
aspirar to inhale
asqueroso, –a loathsome, horrible
asunto matter, affair
asustar to frighten; **asustarse** to get scared, frightened
atar to tie
atender to attend to
aterrado, –a terrified
atreverse to dare
atropellar to run down
aún as yet, still
ausente absent; absent-minded
aumentar to increase
autorizar to authorize
avisar to inform
ayer yesterday
ayudar to help
azote *m.* whip, lash

B

bailar to dance

bajar to get down, bring down; **— la vista** to look down
bajo (*prep.*) under
bajo, –a below, low
banqueta stool; **banqueta del mostrador** bar stool
bar *m.* bar
baraja deck of cards
barajar to shuffle
barato, –a cheap
barra bar, counter
barrendero sweeper, cleaner
barrio city district, neighborhood; **— extremo** on the outskirts
barullo confusion
base *f.* base
bastante quite, rather
basura garbage, refuse
beber to drink
bebida drink
bebido, –a intoxicated, drunk
besar to kiss
bestia idiot
bien well; **está —** all right
billete *m.* bill
boca mouth
bola ball; **— de cristal** crystal ball
bolsillo pocket
bombardeo bombing, bombardment
bombona large wicker-covered bottle
bordillo edge, curb
borracho, –a drunk
bostezar to yawn
botella bottle
brazo arm; **en brazos** in his arms
broma joke
brusco, –a gruff, brusque
bruto, –a coarse, gross
bueno, –a good, well
buscar to look for; **buscarle a uno** to come by for

C

cabeza head
cabo end; **al — de** at the end of
caer to fall
callarse to keep quiet; **¡calla!** shut up!

calle *f.* street
calor *m.* heat; **hacer —** to be hot (weather); **tener —** to be hot (person)
cama bed, couch; **— turca** daybed
cambiar to change
camino road, path
camión *m.* truck
camisa shirt
campo country, field
canalla scoundrel
canción *f.* song
cansado, –a tired
cantar to sing
canto song (chirping)
canturrear to hum
caña beer glass (a tall thin glass)
cara face; **echar a la —** to reproach
caravana caravan
cárcel *f.* jail
cargar to carry; to load
cariño affection
caro, –a dear; expensive; **salir —** to cost a lot
carraspear to clear the throat
carrera career, studies, profession
cartera small bag
casa house; **en —** at home; **en — de** at the house of
casar to marry; **casarse con** to marry (someone)
casco fragment of a broken bottle
casi almost; **— no** hardly
caso case, occasion, point; **en otro —** otherwise; **en todo —** at all events, in any case; **hacer — (de)** to pay attention (to)
castigar to punish
causar to cause
cazar (*coll.*) to catch up to
ceja eyebrow
cenar to eat supper
centro club
cerca close; **de —** closely, at close range
cerco circle, group
cerdo pig, hog
cerrar (ie) to close; to finish
cerveza beer
cielo sky, heaven

cierto, –a certain; **es —** it's true, it is a fact
cigarrillo cigarette; **echar un —** to have a smoke
cintura waist
círculo circle
citar to call, summon
ciudad *f.* city
claro of course, naturally; **— que no** of course not; **— que sí** sure, of course
cliente *m.* or *f.* customer
clínica clinic
cobijar to shelter, lodge
cobrar to collect for
coche *m.* car
coger to pick up, grasp
colgar (ue) to hang, hang up
comentar (*coll.*) to gossip, criticize maliciously
comentario (*fam.*) malicious criticism, comment
cometer to commit
comisario police inspector
como as, like, provided that, since; **— si** as if
¿cómo? how? why? what?
cómodo, –a comfortable
compañía company; **hacerle —** to be at one's side; to keep one company
comprender to understand; **se comprende** it's understandable
con with
conclusión *f.* conclusion, decision, end
condenado, –a damned
condenar to condemn
condolencia condolence
conducir to drive
confianza confidence, trust
conformar to resign oneself, adjust
confuso, –a confused
conmigo with me
conocer to know; to become acquainted
conquistar to conquer
conseguir (i) to get, obtain; **— + inf.** to succeed in
consolador comforting
consolar to console, comfort

105

consulta   doctor's office
consultar   to consult
contagiar   to infect
contar (ue)   to tell, relate; **— con** to count on
contento, –a   satisfied, contented
contestar   to answer
continuar   to continue
contínuo, –a   continual; continuous
contra   against
convencer   to convince
convenir   to be proper, be well; **convenirle (a uno)**   to need, suit
convidar   to invite
coñac *m.*   cognac, brandy
copa   goblet, stem glass
corazón *m.*   heart
corpulento, –a   heavy-set
correr   to run, flow; to blow (wind)
cortado, –a   confused
cortar   to cut
cortina   curtain
cosa   thing, matter, affair; **— nuestra**   our business; **ser algo — de uno**   to be one's affair
costar   to cost; **— lo mío**   to pay dearly; **— trabajo**   to be difficult
cráneo   skull
creer   to think, believe; **— que sí** to think so
crimen *m.*   crime
crío   baby
crónico, –a   chronic
cruzar   to cross; **cruzarse**   to cross each other
cuadro   scene
cualquiera   (*indef. adj.* and *pron.*) any, anyone
cuando   when
¿cuándo?   when?
cuanto, –a   all that, as much as, how much
cubo   bucket, tub
cuello   neck
cuenta   account, judgment; **darse — de**   to realize; **tener en —**   to keep in mind; **tomar por su —**   to take upon oneself
cuerpo   body
cuidado   care; **tener —**   to be careful

cuidar   to take care of
culpa   blame, fault; **tener la —**   to be to blame
cuota   quota
curar   to treat (a sickness)
curiosidad *f.*   curiosity
curioso, –a   odd, strange

CH

chapa   I.D. badge
chaparrón *m.*   downpour
chaqueta   jacket
charlar   to chat
chaval *m.*   boy, kid
chico   small boy, fellow
chillar   to scream, shriek
chillón, –a   ill-matched or loud (of colors)
choque *m.*   clicking (here, of domino pieces)
chupada   drag, puff (on a cigarette)

D

daño   harm; **hacer —**   to hurt
dar   to give; **— asco**   to make sick; **— horror**   to be horrible; **— la gana**   to feel like; **— la mano**   to shake hands; **— palmas**   to clap hands; **— patadas**   to kick; **— rabia**   to make furious, angry; **— un paseo**   to take a walk; **— un pason**   to take a step; **— una vuelta** to take a walk; **darse cuenta de**   to realize; **dar(se) igual**   to be the same; to make no difference (to); **darse por vencer**   to give up; to acknowledge defeat; **darse prisa** to hurry
de   of, from, as, in, about
debatirse   to struggle
deber *m.*   duty, obligation
deber   ought, should
decidirse (a)   to make up one's mind
decir   to say; **— palabrotas** to swear; **digo**   I mean; **querer —** to mean
declaración *f.*   statement
declarar   to declare
dedicar   to dedicate; **dedicarse** to apply or devote oneself

defender(se) to defend (oneself)

dejar to leave, let; — **de** + *inf.* to stop + *pres. part.;* **dejarse de** to cut out

delgado, –a thin

delicado, –a considerate; weak

demás besides; **los** — the rest

demasiado too, too much

¡demonio! damn it!

demostrar to prove

dentro inside, within; — **de** within, inside of

denunciar to report, inform

depender to depend

depósito morgue

derecho right; **hecho y** — full grown; **tener** — **a** to have a right to

desalentado, –a discouraged, dismayed

desaparecer to disappear

desarrollar to develop

desatar to untie

descuidado, –a careless

desde from, since, ever since; — **hace** for; — **luego** of course; — **que** ever since

desgarrar to tear

desgracia misfortune, mishap

desgraciado, –a wretched, unfortunate

desmayado, –a unconscious

desmayarse to faint

desmejorado: estar — to look sickly

desolado, –a disappointed

despacho office

desperdicio waste, refuse

despertarse to wake up

despreocupado, –a indifferent

después after, afterwards

destrozar to destroy, mangle

detallado, –a detailed

detalle *m.* detail

detener to stop

detrás behind; — **de** behind; **por** — from behind

día *m.* day; **al** — per day; **todos los días** every day

diablo devil

difícil difficult

dinero money

Dios *m.* God; **¡por** —! for Heaven's sake!

dirección *f.* direction; **perder la** — to lose control

dirigirse (a) to address

disco record

disparate *m.* (*coll.*) outrage

distraerse to divert, amuse

divertirse (ie, i) to have a good time

doble *m.* double

domingo Sunday; **el** — on Sunday

dominó *m.* dominoes (game)

dormir (ue, u) to sleep

ducharse to take a shower, bathe

dudar to doubt

dueño owner

dulce sweet

durante during

duro, –a harsh

E

echar to throw out, cast; to pour (liquids); — **a la cara** to reproach; — **a suertes** to draw lots; — **de menos** to miss; — **un cigarillo** to have a smoke; **echarse a** + *inf.* to burst out + *pres. part.*

educar to bring up (to rear), educate; **bien educado** well-bred; **mal educado** ill-bred

ejemplar *m.* copy (issue of a paper)

ejemplo example; **por** — for example, for instance

ejercicio practice

elegir (i) to choose; **a** — take your pick

ello it (neuter of **él;** follows a preposition referring to a general idea)

embargo: sin — nevertheless

emborrachar(se) to get drunk

empapar to soak

empezar (ie) to begin

enamorar to enamor; **enamorarse de** to fall in love with

encendedor *m.* lighter

encender to light

encerrado, –a locked in, enclosed

encerrar (ie) to contain; to close

encima above, over, besides, over and above

encoger to shrink; **encogerse de hombros** to shrug one's shoulders

encontrar (ue) to find; **encontrarse** to find oneself; to feel (in regard to health)

enfadarse to get angry

enfermar to get sick

enfermedad *f.* illness, sickness

enfermera nurse

enfermo, –a sick, ill; **el —** the sick man

enfurecer(se) to make furious

enjugarse to wipe away, dry

ensangrentado, –a bloodstained

enseñar to show

entender (ie) to understand

enterar to inform; **enterarse de** to find out

enterrar to bury

entonces then

entrar to enter

entre among, between

entretener(se) to entertain; to amuse oneself

epílogo epilogue

error *m.* error

escapar to escape

escena stage, scene

escote *m.* low neck (of a dress), décolleté

escuchar to listen

escupir to spit

ése that fellow (used only of persons in a derogatory sense)

esfuerzo effort

eso *n.* that; **— es** that's right; **por —** that's why, for that reason, therefore

espalda shoulder

espantar to frighten; **espantarse** to be frightened; to become surprised

espantoso, –a frightful, dreadful

español Spanish

específico patent medicine

espejo mirror

esperar to wait for

esquina corner

establecimiento establishment

estación *f.* season

estallar to break forth, break out

estar to be; **está bien** all right; **— a punto de** to be about to; **— de sobra** to be one too many; **— para** to be about to; **— por** to be in favor of; **— pronto** to be ready; **estarse** to remain, stay

este, –a, –os, –as this, these

éste, –a, –os, –as this (one) these, the latter

esto this

estropear to damage; to be out of close in

estropear to damage; to be out of order; **estropeado** worn out

estudiante *m.* or *f.* student

estupendo, –a stupendous

estupor *m.* surprise, amazement

evasivo, –a evasive, illusive

exaltarse to be wrought up, get excited

excitar to rouse, stir up

exclusivamente only

excusa excuse

expresar to express

extraer to remove

extrañar to wonder (at), be surprised at

extremo, –a distant

F

fácil easy

falda skirt

falta lack

familiar familiar

favor *m.* favor; **por —** please

febril feverish

felicitar to congratulate

feo, –a ugly

ficha chip, domino

fiebre *f.* fever

figurarse to imagine, fancy

fijar to fix; **fijarse en** to notice

fiijo, –a fixed, set; **fijamente** attentively

fin *m.* end; **en —** in short, anyway; **por —** finally

firmar signature

fondo bottom, background; **a —** thoroughly; **en el —** at heart, basically

forma shape, manner, form; **no hay — de** there's no way
fortalecer to fortify
fractura fracture
frecuente frequent
frente *f.* forehead; front; **— a** facing, opposite
fresco, –a cool (refreshing)
frotar to rub, stroke gently
fuera outside; **— de** outside of
fuerte strong, loud
fumar to smoke
funcionar to operate (machinery)
furia fury, rage
furioso, –a furious
fútbol *m.* soccer

G

gana desire; **dar la —** to feel like; **tener ganas de** to feel like, have a desire to
gastar to spend, waste
gasto expense; **hacer el —** to be the life of the party; **hacer —** to spend
genio temperament, disposition
gente *f.* people
gesto gesture; facial expression; **hacer un —** to make a wry face
golfo tramp, idler
golpe *m.* blow
golpear *m.* click (of dominoes)
golpear to beat, pound
goma elastic band; (medical) rubber tubing
gorra cap
gota drop
gracia grace, wit; **gracias** thanks; **hacer —** to amuse
gramola juke box; **poner algo en la —** to play something on the juke box
grande large
gratis free
grave grave, serious
grillo cricket
grosero, –a rude
grupo group
guardar(se) to put away; **— rencor** to hold a grudge

guardia *m.* or *f.* guard; **de —** on duty
guiñapo bundle of rags
guitarra guitar
gustar to be pleasing; to like

H

haber to have (auxiliary verb); **— de** to be to; **había** there was, were; **hay** there is, are; **hay que** + *inf.* it is necessary to, one must; **no hay de qué** you're welcome, don't mention it; **no hay forma de** there's no way; **no hay remedio** it can't be helped; **¿qué hay?** what's new?
habitación *f.* room
hablar to speak
hacer to do, make; **desde hace** for; **— ademán de** to make a move to; **— calor** to be hot (weather); **— caso (de)** to pay attention (to); **— daño** to hurt; **— el gasto** to be the life of the party; **— gracia** to amuse; **— igual** to be the same; **— un gesto** make a wry face; **hacerle compañía** to be at one's side; to keep one company; **hacerse aire** to fan oneself
hacia toward
¡hala! come on! let's go!
hambre *f.* hunger; **pasar —** to go hungry
hasta even, also, until; **— ahora** thus far; **— luego** until later, see you later; **— que** until
hecho act, deed, fact; **— y derecho** full grown
herir (ie, i) to hurt, wound
hermoso, –a fine, beautiful
hervir (ie, i) to boil
hielo ice
hija daughter; dear (term of affection)
hijo son, boy; *pl.* children
historia story
hola hello
hombre *m.* man
hombro shoulder; **encogerse de hombros** to shrug one's shoulders

hondo, –a deep

hora hour

horror *m.* horror, fright; **dar —** to be horrible

hoy today

huelga strike; **ir a la —** to go on strike

humedecer to moisten, wet

humillación *f.* humiliation

humillado, –a humiliated

humo smoke

hundido, –a overwhelmed

hundir to sink, stab, plunge

I

idea idea

idiota *m.* or *f.* idiot

ignorar to ignore; to be unaware

igual equal; **dar(se) —** to be the same; to make no difference (to); **de — a —** as one equal to another, man to man; **hacer —** to be the same

imbécil imbecile, idiot; (*adj.*) simple

impedir (i) to prevent

importancia importance, concern; **tener —** to be important

importante important

importar to be important; to matter; **no importa** never mind, it doesn't matter

impresión *f.* impression

incierto, –a uncertain, doubtful

inclinar(se) to bend (down)

incómodo, –a uncomfortable

incorporarse to sit up

indeciso, –a undecided

indignación *f.* anger, indignation

indignado, –a angry, annoyed

indignarse to become angry

inferior inferior, lower

influir to influence

informarse to inform

informe *m.* report

inglés English

inhabilitación *f.* disability, disqualification

iniciar to begin

injusto, –a unjust

inmóvil motionless

inquieto, –a restless, uneasy

insolente insolent

instrumento instrument

insultar to insult

intención *f.* intention

interesar to interest

interrogatorio *m.* cross-examination

intervención *f.* surgical operation; **— de urgencia** emergency operation

intervenir to intervene, intercede

intranquilo, –a uneasy, worried

inútil useless

investigar to research

inyección *f.* injection; **poner —** to give an injection

inyectar to inject

ir to go; **¿como te va?** how are you?; **— a + inf.** to be going to; **— a la huelga** to go on strike; **— por** to be studying for (a career); **irse** to go away; **se nos iba** he was going, failing, fast; **¡vamos!** come on!; **vamos a ver** let's see; **¡vaya + noun!** what a + noun!

ira anger; **con —** angrily

J

jaleo scuffle, brawl

jarra water pitcher, jug

jeringuilla syringe

jugar (ue) to play

junto, –a joined, close; **— a** close to, beside

jurar to swear; **jurársela a uno** to avenge oneself

justicia justice, punishment

L

labio lip; *pl.* mouth

lágrima tear

largo, –a long

leer to read

lejos far, far away

lento, –a slow

levantar to raise, lift up; **— la vista** to look up; **levantarse** to get up, stand up

leve slight

ley *f.* law

liar to roll (a cigarette)

libro *m.* book

licor *m.* liquor
limón *m.* lemon, lemon drink
limosna act of charity, alms
limpiar to clean up, mop up, wipe
linchamiento *m. see footnote 27, Prologue*
lío: armarse un — to make a mess of things
líquido liquid
listo, –a (with **estar**) ready; (with **ser**) intelligent
litro litre
lo *n.* (*def. art.*) the, that which is; **— de** that business; **— que** what, that which
loco *m.* or *f.* madman, madwoman
locura madness
luego then, soon; **desde —** of course; **hasta —** until later, see you later
lumbre *f.* light

LL

llamar to call; **— a la puerta** to knock; **— por teléfono** to phone, call up; **llamarse** to be called, be named
llegar to arrive; **— a +** *inf.* to come to
lleno, –a full
llevar to carry, take, wear
llorar to cry
lluvia rain

M

mal *m.* evil, badness, illness; **estar —** to be ill
malhumorado, –a ill-humored
malo, –a bad, wicked, ill
manchar to stain, soil
mandar to send
manga shirt-sleeve
manipular to handle; to work
mano *f.* hand; **dar la —** to shake hands
mañana morning; **por la —** in the morning, during the morning
marcar to dial (a number)
marcharse to leave, go away
marearse to be sick, throw up

más more; **no** (*verb*) **— que** only
mascar to mumble, mutter
matar to kill
mayoría majority
mecanismo mechanism, machinery
mechero cigarette lighter
medicina medicine
médico doctor
medio, –a half, middle; **en — de** in the midst of; **media tarde** mid-afternoon
mejor better; **a lo —** probably, in all probability; **lo —** the best (thing, part)
melodía melody
menos less; **echar de —** to miss
merecer to deserve
mes *m.* month
mesa table; **— -camilla** night or bed table (*see footnote 2,* Cuadro Segundo)
meter to put in; **meterse** to meddle; **meter** (**una profesión**) to choose (a profession)
miedo fear; **tener — de** to be afraid of
mientras while
mirada glance, gaze, view
mirar to look at; **— a su alrededor** to look around
misa mass
miserable *m.* miserable person
mismo, –a same, self; **ahí —** right there, in that very place; **ahora —** right now; **allí —** in that very place
misterio mystery
modelo model
modesto, –a modest
modismo idiom
modo way, manner, means; **de todos modos** at any rate
mojarse to get wet
molestar to bother, annoy
momento moment
moneda coin
montón *m.* heap, pile
morder (**ue**) to bite, grasp, clutch, grip
morir (**ue, u**) to die
mortal mortal

111

VOCABULARY

mosquita mosquito; — **muerta** hypocrite

mostrador *m.* counter, bar top; **banqueta del —** bar stool

mover (ue) to move

movimiento movement

muchacho boy

mucho, –a much, many, very

muerte *f.* death

muerto *m.* dead body, corpse

mugriento, –a dirty, filthy

mujer *f.* woman; wife

mundo world; **todo el —** everyone

municipal local

murmurar to murmur

música music

muy very

N

nada nothing, not . . . anything; **como si —** to no avail

nadie no one, not . . . anyone

navaja knife

navidad Christmas

necesitar to need

negar (ie) to deny; **negarse a +** inf. to refuse

negro, –a black

nervio nerve

nervioso, –a nervous

ni nor, not ever; **— . . . —** neither . . . nor; **— siquiera** not even

ninguno, –a no one, anyone

niño *m.* child

noche *f.* night; **a la —** at night, in the evening; **por la —** during the evening

normal usual

notar to note, notice

noticia notice, a piece of news

novela soap opera

novio *m.* lover, boy friend

nublarse to cloud up

nuevo, –a new; **de —** again

nunca never, not ever

O

obligación *f.* obligation, duty

obrero worker, laborer

observar to observe

ocupar to take care of; **ocuparse de** to attend to, keep busy

ocurrir to happen, occur; **al poco de —** shortly after it happened; **ocurrírselo a uno** to occur to one, think of

odiar to hate

oficina office

oficio trade, profession, work

ofrecer to offer

oído ear; *usually,* inner ear

oir to hear; **— hablar de** to hear about (of); **¡oiga!** listen, say!

ojalá would that, God grant

ojo eye

oler (ue) to smell

olvidar to forget

opinar to think, pass judgment

orden *f.* order, method

oscuro, –a dark; **durante los oscuros** while the stage is dim; **se hace el oscuro** the lights dim (stage directions)

otro, –a another, other; **en — caso** otherwise

P

padre *m.* father; *pl.* parents

pagar to pay (for)

palabra word

palabrota offensive word, swear word; **decir palabrotas** to swear

palidecer to grow pale

pálido, –a pallid, pale

paliza beating

palma palm of the hand; **dar palmas** to clap hands

pañuelo handkerchief

papel *m.* paper

paquete *m.* packet, pack

par *m.* pair

para for, in order to; **— que** so that, in order that; **¿— qué?** for what?; **— siempre** forever; **servir —** to be good for

parar to stop

parecer to seem, appear; **¿qué te (le, os, les) parece?** how do you like it?

pared *f.* wall

parte f. part; **en todas partes** everywhere

parte m. (medical) report

partida f. game (of cards)

pasar to pass; **pasársele a uno** to get over (a state of mind); **¿qué te pasa?** what's the matter with you?

paseo walk; **dar un —** to take a walk

pasillo hallway

paso step; **dar un —** to take a step

patada kick; **dar patadas** to kick

patio courtyard, patio

paz f. peace

pecho chest

pedir (i) to ask for

pegar to strike, hit

peinar(se) to comb

peine m. comb

peludo, –a bushy, hairy

pena pain; sorrow

penoso, –a painful, arduous

pensar (ie) to think; **— en** to think of; **— + inf.** to intend

pensativo, –a thoughtful

penumbra semidarkness

peor worse, worst

pequeño, –a small

perder (ie) to lose, ruin; **— el tiempo** to waste time; **— la dirección** to lose control

perdonar to pardon, excuse; **perdone** excuse me, I'm sorry

perezoso, –a lazy

periódico newspaper

permiso permission

pero but

perra bitch; **— gorda** a coin of small denomination (5 or 10 céntimos)

persiana slatted shutter, Venetian blind

persona person

pesado, –a heavy, gloomy

pesar grief, trouble; **a — de** in spite of

piedad f. pity, mercy

pinchar to prick, pierce

pintar to paint

pinzas f. pl. forceps

pisar to step

piso floor

pitillo cigarette

plato dish

pobre poor; **el —** the unfortunate man

poco, –a little, small; **al — de ocurrir** shortly after it happened

poder (ue) to be able, can; **no — con** not to be able to stand (tolerate); **puede que** it may be that; **puede ser** that may be

policía f. police; m. policeman

poner to put, place, set; **— algo en la gramola** to play something on the juke box; **— inyección** to give an injection; **ponerse** to put on (clothing); **ponerse a + inf.** to begin to; **ponerse + adj.** to become + adj.

por by, for, by means of; **— algo** for some reason; **— aquí** around here; **—detrás** from behind; **¡— Dios!** for Heaven's sake! **— eso** that's why, for that reason, therefore; **— favor** please; **— fin** finally; **¿— qué?** why?; **— si** in case

porque because

portarse to behave, act

posible possible

practicante m. hospital intern, hospital nurse

precipitarse to rush

preciso necessary; precise

pregunta question

preocuparse to worry

preparar to prepare

presencia presence

presentar to introduce

presión f. pressure, tension

pretensión f. claim, suit; pretension

primero, –a first

principio beginning; **al —** at first; **en —** at the beginning

prisa hurry; **darse —** to hurry; **de —** fast, rapidly; **tener —** to be in a hurry

probable probable

probar (ue) to taste, try

procurar to try

producir to produce

prólogo prologue

pronto soon; **de —** suddenly; **estar — ** to be ready

proponer to suggest

protestar to protest

prudente prudent

pudrir to rot

puerta door; gate; **llamar a la —** to knock

pues well, then

puesto post, position

pulmón *m.* lung

punto point (in time or space)

puño fist

Q

que who, whom, which, that; **a —** I bet; **a — sí** all right, O.K.; **así —** as soon as; after

¿qué? what?; **¿para — ?** what for?; **¿por — ?** why?; **¿ — tal?** how are you? how's it going?

quedar to remain; to be; **— en** to agree; **quedarse** to have left

quejarse to complain

querer to wish; to want; to love; **—decir** to mean; **no —** (*pret.*) + *inf.* to refuse + *inf.*

quien who, whom

¿quién? who? whom?

quieto, –a quiet

quitar to remove, take away; **— la radio** to turn off the radio; **quitarse** to take off (clothing)

quizá (or **quizás**) perhaps

R

rabia anger, rage; **dar —** to make furious, angry

radio *m.* or *f.* radio; **quitar la —** to turn off the radio

rama branch, twig

rápido, –a rapid, swift

raro, –a curious, strange

rascar to scratch

rato while, short time

razón *f.* reason; **tener —** to be right

reacción *f.* reaction

reaccionar to react

rebaño flock of sheep

recibir to receive

recoger to gather, collect

reconocer to recognize, admit, confess

recontar (ue) to recount

recordar (ue) to recall, remember; to remind

recortar to clip, cut out

rechazar to refuse, reject

referir (ie, i) to refer; to relate, tell

refrescar to cool off

refresco cold drink

regañar to quarrel

reír (i) to laugh; **reírse de** to laugh at

reloj *m.* watch; **— de pulsera** wrist watch

remediar to help, remedy

remedio remedy; **no hay —** it can't be helped; **no tener —** to be unavoidable

remover (ue) to change, move away

rencor m. grudge, rancor; **guardar —** to hold a grudge

repartir to distribute; to share

repaso review

repugnancia disgust

repugnante loathsome, filthy

repugnar to cause disgust or loathing

resistir to resist

resolver (ue) to resolve

respaldo back (of a chair)

respetar to respect

respeto respect

respetuoso, –a respectful

respirar to breathe

resto rest, remainder; *pl.* remains (of a body)

resultar to result, turn out

reunión *f.* meeting

reunirse to gather together

reventarse (ie) to splash

revolver (ue) to turn against

ridículo, –a ridiculous

rígido, –a rigid

rincón *m.* corner

rítmico, –a rhythmical

ritmo rhythm

rogar (ue) to ask, request

romper to break

ronco, –a hoarse
ropa clothing
roto, –a ragged, frayed
rubio, –a red; blonde; **tabaco—** light tobacco
ruborizar to make (someone) blush
ruido noise
rumor *m.* sound

S

sábado Saturday; **el —** on Saturday
saber to know, find out
sacar to take out
sagrado, –a sacred
salir to leave; **— caro** to cost a lot; **— de** to leave from
saludar to greet
saludos greetings
salvar to save
sangrar to bleed
sangre *f.* blood
sanitorio sanitorium
secarse to dry, wipe off
sed *f.* thirst; **morir de —** to die of thirst
seguida: en — at once
seguir (i) to follow; to keep on, continue
según according to
seguridad: con — certainly, surely
seguro, –a certain, sure
seltz *m.* soda water
sencillo, –a simple
sentar (ie) to seat; **sentarse** to sit down
sentir (i) to be sorry; **sentirse** to feel
señalar(se) to point out
señora lady; (as a title) Mrs., madam
señorita young lady; (as a title) Miss
separarse to separate; **— de** to draw away from
ser to be; **es que** the fact is; **eso es** that's right; **— de** to become of
serio, –a serious; **en —** seriously
servir (i) to serve; **— para** to be good for
sí yes
siempre always; **para —** forever

silbar to whistle
silencio silence
silla chair
simpático, -a sympathetic; pleasant, appealing
simple simple; single
sin without; **— embargo** nevertheless; **— que** without
sindicato union
sino but, except
sinvergüenza rascal, scoundrel
sitio place
situación *f.* situation
situarse to settle
sobra surplus; **de —** more than enough; **estar de —** to be one too many
sobre above, upon; **— todo** especially
social social
soler (ue) to be used to, be accustomed to
solo *adj.* alone
sólo only
sombra shade; **a la —** in the shade
sombrero hat
sombrío, –a sulky, sullen
sonar (ue) to sound, ring; to play music
sonreír (i) to smile
sonriente *adj.* smiling
sonrisa smile
sopor *m.* stupor
soportar to endure, bear
sordo, –a deaf; silent, dull, muffled
sorprender to surprise
subir to raise; to go up
suceso incident, event
sucio, –a dirty, nasty
sudar to sweat
sudor *m.* sweat
suelo floor, ground
suerte *f.* luck; **echar a suertes** to draw lots
sufrir to suffer
superar to conquer, surpass
suponer to suppose
susurro whisper, murmur

T

tabaco tobacco

115

táctico, –a orderly; understood, implied

tal so, such; **¿qué —?** how are you? how's it going?

también *adv.* too, also

tampoco neither

tanto so much; **no ser para —** not to be so serious; **— gusto** I'm very glad to know you

tapar to cover, stop up

tarde *f.* afternoon; **media—** midafternoon

taxi taxi

teléfono telephone; **llamar por —** to phone, call up

telón *m.* curtain (theater)

tema *m.* theme

temblar to tremble, shake with fear

temer to fear, be afraid

tender to stretch out; to hold out, extend

tener to have; **no — remedio** to be unavoidable; **— calor** to be hot (person); **— cuidado** to be careful; **— derecho a** to have a right to; **— en cuenta** to keep in mind; **— ganas de** to feel like, have a desire to; **— la culpa** to be to blame; **— lugar** to take place; **— miedo a +** *noun* to be afraid of *noun;* **— miedo de** to be afraid + *inf.;* **— prisa** to be in a hurry; **— por qué** to have reason; **— que** + *inf.* to have to; **— razón** to be right

terminar to end, finish

terrible fearful, awful

tiempo time; **perder —** to waste time

tierra ground, earth

timbre *m.* doorbell

timidez *f.* timidity, fear

tipo (*coll.*) fellow, guy

tirar to pull; to throw

tiza chalk

tocar to touch; to play (an instrument); **tocarle a uno** to be one's turn

todavía still, yet

todo all, everything; **en — caso** at all events, in any case; **sobre —**

especially; **— el día** all day; **— el mundo** everyone; **— lo que** everything that; **todos los días** every day

tomar to take; to drink; **— copa** to take (have) a drink; **— por su cuenta** to take upon oneself

tono tone

tontería nonsense, foolishness

torcer (ue) to twist, turn

torcido, –a twisted

tormenta storm

torno turn; **en — a (de)** around

torpeza rudeness, obscenity

tortuarse to torture, torment

trabajador *m.* worker

trabajar to work

trabajo work; **costar—** to be difficult

traducción *f.* translation

traer to bring

trago drink, swallow, gulp

traje *m.* suit

tranquilidad *f.* calmness, tranquility

tranquilizarse to calm down

tranquilo, –a quiet, peaceful, calm

tratar to treat; **— de** to try to; **tratarse de** to be a question of

través: a — de across

traversura prank, mischief

triste sad

triunfar to triumph; to conquer, exalt

trueno thunder

tumbarse (*coll.*) to lie down

tutear to address or speak to familiarly, say "tú" to

U

último, –a last, latest

único, –a only

unido, –a united

urgencia: intervención de — emergency operation

usar to use

V

vacilar to hesitate

vagabundo tramp, vagabond

vago, –a vague

valer to be worth; **vale** O.K., you're on, it's a bet

vario, –a several
vaso drinking glass
vecino neighbor
vencer to conquer; **darse por —** to give up, acknowledge defeat
vender to sell
venir to come
ventana window
ver to see; **a —** let's see; **vamos a —** let's see
verano summer
verbo verb
verdad *f.* truth; **de —** really; **¿verdad?** isn't it?
vergüenza shame; **dar —** to be bashful, be ashamed
verruga wart
vestir (i) to dress
vez *f.* time; **a veces** at times; **algunas veces** sometimes; **de una —** once for all; **muchas veces** often; **otra —** again; **una —** once
vicio vice; **de —** by habit, habitually
vida life
viejo, –a old

viernes Friday; **el —** on Friday
violencia violence, fury
vista sight, view, **bajar la —** to look down; **levantar la —** to look up; **volver la —** to look around
visto: por lo visto apparently
vivir to live
voluptuoso, -a sensuous; lustful, lewd
volver (ue) to return; **— a +** *inf.* *inf.+* again; **— la vista** to look around; **volverse (loco)** to go, become (crazy)
vómito vomit
voz *f.* voice
vuelta turn; **lar una —** to take a walk
vulgar common

Y

ya already, now

Z

zona zone, area
zorra prostitute, street-walker; sly person

a selected bibliography

Anderson, Farris. *Alfonso Sastre*. New York: Twayne Publishers, 1971.

De Coster, Cyrus C. "Alfonso Sastre," *Tulane Drama Review,* V (December, 1960), pp. 121–32.

García Pavón, F. *Teatro social en España*. Madrid: Taurus, 1962.

Pérez Minik, Domingo. *Teatro europeo contemporáneo*. Madrid: Guadarrama, 1961.

Pronko, Leonard C. "The Revolutionary Theater of Alfonso Sastre," *Tulane Drama Review,* V (December, 1960), pp. 111–20.

Sastre, Alfonso. *Obras completas*. Prologue by D. Pérez Minik. Madrid: Aguilar, 1967.

———. *Teatro selecto*. Madrid: Escelicer, 1966.

———. "Drama and Society," *Tulane Drama Review,* V (December, 1960), pp. 102–10.

Torrente Ballester, Gonzalo. *Panorama de la literatura contemporánea*. Madrid: Guadarrama, 1956.

———. *El teatro contemporáneo*. Madrid: Guadarrama, 1957.

A 2
B 3
C 4
D 5
E 6
F 7
G 8
H 9
I 0
J 1